HAY JUECES EN BERLÍN

Un cuento sobre el control judicial del poder

JOSÉ ESTEVE PARDO

HAY JUECES EN BERLÍN

Un cuento sobre el control judicial del poder

Marcial Pons

MADRID | BARCELONA | BUENOS AIRES | SÃO PAULO

2020

EDICIONES JURÍDICAS Y SOCIALES, S. A.
San Sotero, 6 - 28037 MADRID
☎ (91) 304 33 03
www.marcialpons.es

ISBN: 978-84-9123-760-0

Depósito legal: M. 1.104-2020

Fotocomposición: JOSUR TRATAMIENTO DE TEXTOS, S. L.

Impresión: ARTES GRÁFICAS HUERTAS, S. A.
C/ Antonio Gaudí, 15
Polígono Industrial El Palomo - 28946 Fuenlabrada (Madrid)
MADRID, 2020

ÍNDICE

A MODO DE INTRODUCCIÓN

El de «jueces en Berlín» siempre se me ha presentado como un relato abierto, vivo, que deambula en el inseguro espacio en el que confluyen historia, leyenda y fabulación, allí donde opera la recreación literaria y se forjan los mitos, como es, típicamente, el del control judicial del poder que se acaba difundiendo en la cultura occidental como una de sus conquistas y señas de identidad. A pesar de su enorme difusión en esa órbita cultural, a uno y otro lado del Atlántico, el conocimiento del caso —lo he confirmado inquiriendo recientemente sobre él— es muy incierto: la frase «hay jueces en Berlín» se adjudica por unos a un rey que la pronuncia en tono displicente mientras que, según otras versiones, es la reivindicación de un humilde y muy digno molinero ante el abuso del poder. Los hechos divergen y si se indaga en esas marcadas diferencias de tono y enunciado, se acaba por desembocar en el choque, abrupto y desagradable, entre fabulación y realidad. Un choque que evoca, en su protegido entorno literario, al que de vez en cuando nos sacude cuando el mito del control judicial del poder muestra sus reales dimensiones con toda su crudeza.

He procurado por ello mantenerme en el territorio del mito en la aproximación a «jueces en Berlín» a través de unos casos igualmente legendarios (que aquí solo se tratan desde nuestra peculiar perspectiva) en los que la justicia se encaraba con el poder en sus más altas instancias y que solo consigue doblegarlo —de ahí la desmitificación— cuando previamente ese poder se había vaciado reencarnándose en la que falsamente se presenta como justicia. Esa tendencia encontraría en nuestro caso un punto de inflexión —de ahí su atractivo— hasta que topamos, aquí también, con su cruda realidad, anticipo de la que aflora por momentos también en nuestros días y que queda por ello a la vista y valoración del lector. Aunque puedan advertirse algunas insinuaciones más allá de él, no he rebasado, por tanto, el marco histórico del caso y sus antecedentes, a cuyo estudio pude finalmente dedicar un tiempo gracias a la ayuda de la profesora Nuria Mallandrich y de la Fundación Serra Domínguez.

Dorres, otoño de 2019.

I. EL CUENTO

Érase una vez un rey muy poderoso que se llamaba Federico. El rey tenía un palacio en el campo para pasar el verano, cuando el tiempo era agradable en aquel país, muy frío el resto del año. En su palacio se celebraban suntuosas fiestas y conciertos musicales. En los bosques vecinos se organizaban grandes cacerías. Acudían muchos invitados de la mejor sociedad: príncipes, nobles, artistas, músicos y hasta filósofos.

Pero había un molinero que tenía su molino muy cerca del palacio. En cuanto se levantaba un poco de viento, el ruido de sus aspas molestaba al rey y a sus invitados. También había quejas porque, decían, el molino afeaba las vistas de los paisajes desde el palacio y ahuyentaba la caza. Un día el rey Federico ordenó que trajeran al molinero a su presencia.

«Tu molino es una molestia para el palacio», le dijo. «Estoy dispuesto a comprártelo».

Pero el molinero se negaba a vender el molino. Entonces el rey le inquirió: ¿«Sabes que si quiero puedo destruir tu molino sin tener que pagarte un solo céntimo?».

Asustado, el molinero respondió: «Eso sería una grave injusticia, majestad». Entonces el rey, señalando con el dedo hacia donde se encontraba la capital de su reino, le dijo: «Para eso hay jueces en Berlín».

El molinero planteó el caso ante el Tribunal de Berlín, que dictó una sentencia favorable a sus pretensiones. El rey Federico, que había comenzado la destrucción del molino, acató la sentencia: paró al momento la demolición e indemnizó adecuadamente al molinero por todos los daños que le había causado.

II. SU DIFUSIÓN EN LA CULTURA OCCIDENTAL COMO LEMA DEL CONTROL JUDICIAL DEL PODER

De esa historia fabulada —de la que circulan diversas versiones— sobre el rey de Prusia, Federico II el Grande, y el molinero de Sanssouci, ha quedado y se ha difundido una frase, una afirmación: «Hay jueces en Berlín», convertida con el tiempo en uno de los lemas de la cultura occidental, que lo presenta como uno de sus mayores logros: el Estado de Derecho, la sujeción del poder público a la ley y al Derecho, que solo se garantiza y hace efectiva al reconocer el control de su actuación por los tribunales de justicia. No es de extrañar por ello que la frase se invoque de manera recurrente, que viaje por las grandes ciudades y capitales occidentales, a los dos lados del Atlántico, para recordar que ante cualquier controversia con el poder público están prestos los jueces y tribunales para decir la última palabra en la aplicación del Derecho. Se ha declarado así por personas e instancias muy diversas —y se recoge con frecuencia en titulares de la prensa— que «hay jueces en París», «hay jueces en Madrid», en Lima, en Roma, en Washington, en Buenos Aires, en Luxemburgo. Se quiere afirmar de ese modo que el poder público se encuentra en último término sujeto a un control de legalidad ejercido por jueces y tribunales. Que a ellos puede acudir cualquier ciudadano que discuta una decisión del poder que afecte a su persona o a sus derechos.

Lo cierto es que en Europa y América se asiste en los últimos tres siglos a un movimiento sostenido en la reivindicación del control judicial del poder. En los primeros momentos, tras la Revolución Francesa, parece dirigirse hacia el poder ejecutivo y la Administración Pública. Con esa finalidad se instauró en Francia el Consejo de Estado y en la mayor parte de las naciones europeas se crearon tribunales especializados en el control de la Administración, hasta formar una verdadera jurisdicción contencioso-administrativa; en otros Estados se atribuyó ese control a los tribunales ya existentes, los tribunales civiles, afirmándose en cualquier caso con la misma rotundidad la sujeción de la Administración Pública a las leyes y facultándose a los tribunales para controlar y, en su caso, anular sus actuaciones si vulneran la legalidad.

El movimiento supervisor judicial se dirigirá luego contra el poder del Estado que quedaba al margen del control judicial, el poder legislativo, y con tal objetivo se crean y generalizan, sobre todo a mediados del siglo XX, los tribunales constitucionales. Más tarde se crean nuevas cortes de justicia con la facultad de enjuiciar a los Estados y sus actuaciones (también las de sus jueces). Ejemplos de estos tribunales son, en Europa, el Tribunal Europeo de Derechos Humanos o el Tribunal de Justicia de la Unión Europea; en América, la Corte Interamericana de Derechos Humanos. Así es como los propios Estados, que se consideran soberanos, son juzgados, condenados en su caso y obligados a cumplir con esas sentencias condenatorias. Son tribunales que velan por el cumplimiento de tratados y convenciones internacionales, como el Tratado de la Unión Europea o la Convención Europea de Derechos Humanos o, en América, la Convención Americana sobre Derechos Humanos.

Pero el avance de las fuerzas que reivindican el control judicial del poder no solo se ha dado con el levantamiento de estos castillos y baluartes suyos —tribunales administrativos, tribunales constitucionales, europeos, americanos, internacionales— sino también en la lucha directa, cuerpo a cuerpo, por superar limitaciones y espacios de inmunidad del poder. Esta es una lucha en la que se han destacado las propias huestes judiciales y, sobre todo, las académicas, que son las que han escrito con orgullo y complacencia la historia de las que presentan como sus victorias, pues se trata de construcciones doctrinales en las que encontró cobertura el avance del control judicial.

Primero fue el control de las vulneraciones más flagrantes de la legalidad, luego el control del procedimiento que precede a las decisiones del poder público, más tarde el control del fin que realmente había guiado la actuación del poder público, lo que requería adentrarse en su interioridad, psicológica podríamos incluso decir. Las conquistas del control judicial van incluso más allá del territorio de la legalidad para alcanzar de lleno el control de los hechos, e incluso el control por la falta de hechos, por la falta de actividad, que es el control de la inactividad de la Administración, que también se abre recientemente a la intervención de los tribunales. Todo ello a través de fórmulas y técnicas tan expresivas y sonoras como el «recurso por exceso de poder», el control de las inmunidades del poder o la denuncia del vicio de «desviación de poder», que muestran bien a las claras hacia donde se dirige la lucha por el control: derechamente contra el poder público y sus excesos. Por su parte, los tribunales constitucionales no se limitan a anular leyes cuando entienden que han vulnerado la Constitución, sino que llegan a imponer mandatos al legislador, que hasta tiempos recientes se consideraba intangible y no sujeto a control alguno. Son constantes así los avances en esa guerra por el control judicial del poder público que se cree ganada por una cultura occidental que se vanagloria de ello.

Pudiera pensarse que se trata de un impulso relativamente reciente, pero, si reparamos en la historia, encontramos que el control y enjuiciamiento de la actuación de los gobernantes y su ejercicio del poder alcanzó en Europa a las más altas jerarquías. Y así se llegaron a dar casos de reyes de muy poderosos Estados que fueron juzgados, condenados a muerte y ejecutados. Llama por ello la atención que, habiéndose registrado casos tan espectaculares, figure en el imaginario colectivo como primer ejemplo del control judicial del poder el de «jueces en Berlín», en el que se resuelve una controversia menor de relaciones de vecindad, del todo insignificante para el curso de la historia, suscitada entre un rey y un simple molinero. Parece así pertinente conocer algunos casos relevantes de procesos en los que se vieron involucrados reyes europeos para poder apreciar así lo que destaca y singulariza a «jueces en Berlín».

III. EL PODER REAL ANTE LA JUSTICIA. PRECEDENTES CÉLEBRES DE JUECES EN BERLÍN

1. Felipe II, Antonio Pérez y el Justicia Mayor de Aragón

Felipe II pasó buena parte de su infancia en Lisboa con su madre, Isabel de Portugal. Allí tuvo como paje y compañero de juegos a un muchacho de la más alta nobleza algo mayor que él, Ruy Gómez da Silva, príncipe de Éboli. Se forjó entonces entre ellos una relación de camaradería y confianza que se mantuvo cuando Felipe fue asumiendo, como príncipe y como rey, poderes y responsabilidades de gobierno. En Ruy Gómez tuvo un consejero leal, inteligente y sensato. Entre sus escasos errores, posiblemente el más grave —visible solo con el transcurso de la historia— fue la propuesta de Antonio Pérez como vicesecretario de Felipe II. El secretario realmente era el propio príncipe de Éboli, Ruy Gómez, como persona con la que el rey despachaba sobre los más diversos asuntos de su gobierno y administración. Tanta era su influencia y poder que se le conocía con el apodo de *Rey Gómez*. Pero su repentina muerte en 1573 propició el ascenso de Pérez, que contó para ello con el apoyo de la viuda de aquel, Ana de Mendoza de la Cerda, la princesa de Éboli. Formaron una pareja que, aparte de otros posibles vínculos, estaba unida por el afán de poder que ejercían desde la posición de influencia en que se encontraban. Pero ambicionaban mayor poder e intrigaban continuamente para expandirlo.

Una de esas intrigas, la de mayor alcance, es la que comenzó a tejerse en torno a don Juan de Austria, hermanastro de Felipe II. Don Juan era hijo del emperador Carlos V y una joven alemana, Bárbara Blomberg, a la que conoció cuando había enviudado de su mujer, Isabel de Portugal. Era Juan un joven apuesto y con empatía que había ocupado muy pronto posiciones de mando en campañas militares, entre las que destacaba, sin duda, la brillante victoria en la batalla de Lepanto. Una figura muy relevante en Europa, donde suscitaba especulaciones de todo tipo como un futuro monarca, también del reino de España mientras Felipe no tuvo descendencia. Lo cierto es que don Juan de Austria recibió ofertas para ser coronado rey. Primero, sobre territorios que podían considerarse periféricos, como Albania y Túnez, para los que no contó con la aprobación de su hermano Felipe. Pero luego se tejió toda una trama de intrigas y maquinaciones para formar en torno a don Juan de Austria un centro de poder capaz de hacer sombra al propio rey de España. Hubo negociaciones en Inglaterra y los Países Bajos, donde residía don Juan en esa época, con la idea, entre otras, de buscarle un matrimonio que le diese acceso a un trono. Se pensaba en el de Inglaterra mediante el matrimonio con María I Estuardo. En esas negociaciones e intrigas participan, y desde luego están muy al tanto de ellas, Antonio Pérez y la princesa de Éboli, que esperan ganar importantes réditos políticos y más altas posiciones de poder.

Un personaje adquirió entonces una posición destacada, sobre todo por lo que sabe de toda esa trama: Juan de Escobedo, el secretario personal de don Juan de Austria. Las más que posibles desavenencias que tuvo con Pérez y la princesa de Éboli hacían de él un peligro, sobre todo por la información que pudiera difundir en la Corte a su llegada. El caso es que Escobedo, ya en Madrid, fue atacado una noche por unos matones y falleció a los pocos días. Su viuda —con el apoyo del partido que se articulaba en torno al duque de Alba, contrario al clan del príncipe de Éboli— denunció a Pérez como instigador del crimen. Se abre entonces una investigación y se incorporan a ella documentos y declaraciones procedentes de los Países Bajos que confirman las maniobras de la princesa de Éboli y Antonio Pérez en contra de los intereses de Felipe II y, desde luego, sin su conocimiento ni aprobación.

El rey ordena entonces la detención de su exsecretario y de la princesa bajo la acusación de alta traición. A la espera de juicio, Antonio Pérez logra escapar de la prisión en Madrid y tras un veloz viaje entra en el territorio de Aragón. Su situación legal y procesal cambia entonces por completo puesto que, aunque circunstancialmente nacido fuera de ese territorio, Antonio Pérez había mantenido la condición de aragonés, que le facultaba para invocar la sujeción a los Fueros de Aragón y la protección que le dispensaban.

Los Fueros de Aragón y los de otros territorios fueron ensalzados y mitificados por los movimientos regionalistas y románticos de finales del siglo XIX, que los presentaban como las libertades de los pueblos que se resistían al centralismo unificador castellano. Pero la historiografía más solvente ha mostrado bien a las claras que esto no era así en absoluto. Los fueros no reconocían libertades por igual a todas las personas, sino que otorgaban privilegios a los ya de por sí poderosos, ampliando y radicalizando así las desigualdades.

La valoración de los fueros ha decaído aún más en los tiempos actuales por la muy justificada crítica que se lanza al amplio sistema de aforamientos, que otorga posiciones de privilegio, sobre todo en el trato ante los tribunales de justicia, a un grupo muy crecido de personas del círculo más próximo al poder que es, por lo demás, el espacio en el que se producen los episodios de una corrupción que requiere de la proximidad a las instancias en las que se toman las decisiones. La lucha contra la corrupción rampante se ha visto así dificultada por la condición de aforado que concurre en muchos de los implicados en ella, sobre todo los de mayor relevancia política.

Porque no otra cosa comporta la condición de aforado, sino el tratamiento de privilegio que le concede el fuero, que no es más que una excepción al régimen común: queda «afuera» de él, de ahí el nombre de aforado. Como no podía ser de otro modo, el fuero al que pretendía acogerse Antonio Pérez reunía todos estos ingredientes. Era, por tanto, un privilegio cuya base jurídica se encontraba en la *Declaratio Privilegi Generalis* otorgada por el rey Jaime II en 1325 ante las Cortes de Aragón. Se establecía en ella que los aforados no podían ser torturados en los procesos judiciales y en la fase de averiguación de los delitos. Para hacer efectivo este privilegio, los aforados tenían que exigirlo formalmente, tenían que «manifestarse», tal como establecían los propios fueros. Los «manifestados» quedaban entonces bajo la protección del Justicia de Aragón, que podía ordenar al juez que le entregara al «manifestado» para tenerlo bajo su custodia y evitar los tratos infamantes. Cuando el juez dictaba finalmente sentencia, el Justicia Mayor debía entregarle al «manifestado» que se encontraba bajo su control penitenciario, pero podía oponerse a ello si consideraba que en la sentencia concurría algún vicio grave. Esta facultad convertía de hecho al Justicia de Aragón, en un juez supraordenado, por encima de la jurisdicción real, de la que podía dejar libre a sus aforados, a sus «manifestados».

Por supuesto, el derecho de «manifestación» y el sometimiento a este régimen privilegiado solo se reconocía a los ya privilegiados en la sociedad aragonesa: los caballeros, infanzones, mesnaderos, ricos hombres, ciudadanos, hombres de villas honrados. Sobre todo la baja nobleza rural, muy propensa al bandolerismo en aquellos años. Pero en modo alguno estos fueros, este derecho de manifestación, podían ser invocados por los vasallos de los señores y las «gentes del común», cuya posición jurídica se fue degradando en la Baja Edad Media con la aprobación de las autoridades más señeras. El Justicia de Aragón reconocía así en 1332 el «derecho» de los señores a maltratar a sus vasallos —*ius male tractandi*—, eso sí, siempre que hubiera una causa justificada (?). Los vasallos no podían abandonar la tierra sin el permiso de su señor. Estas eran las mitificadas libertades: las que unos pocos tenían para maltratar, juzgar y ejecutar a los vasallos. Así es como todavía en el siglo XVI, en el que se plantea nuestro caso, un autor imparcial como Juan Francisco Montemayor de Cuenca constataba como «siendo pues en este reyno los vasallos de signo servicio aun de peor condición que por derecho los esclavos, pues su vida y bienes están bajo los poderes de los señores».

En cualquier caso, Antonio Pérez formaba parte de la pequeña nobleza y estaba así en el lado de los privilegiados, de los favorecidos por los fueros. Por eso se «manifiesta» y se acoge a ellos, lo que humanamente resultaba muy comprensible puesto que durante su prisión y proceso en Madrid fue torturado en más de una ocasión y en Aragón, como aforado que era, no se le podía aplicar tortura de ningún tipo y, para garantizar ese privilegio del que solo unos disfrutaban, quedaba bajo la tutela del Justicia de Aragón, que disponía para ello de su propia cárcel, la cárcel de los «manifestados».

En contra de lo que se ha dicho en diversas ocasiones, Felipe II no solicitó la extradición de Antonio Pérez. No solo es que la figura de la extradición resultara desconocida en el panorama internacional de entonces, sino que Felipe II no tenía necesidad de pedir el traslado a Castilla por la sencilla razón de que él era también rey de Aragón. Lo que ocurría es que la acusación y juicio de Pérez debían sujetarse a los procedimientos y la legislación de este reino.

A pesar de su irritación por sentirse traicionado y por el propio transcurso de los acontecimientos, Felipe II adopta una postura que podría considerarse respetuosa con la justicia. Cuando primeramente sabe de la traición de Pérez, no ordena su eliminación, sino su detención para ser juzgado de acuerdo con las leyes, que en Castilla permitían la tortura del detenido para que declarara sobre los cargos que se le imputaban. Cuando Antonio Pérez huye y entra en Aragón, no lo reclama con amenazas, ni hace uso de la fuerza. Respeta las normas procesales que rigen en ese territorio y ordena a su fiscal allí destacado, Micer Jerónimo Pérez de Nueros, que accione contra el fugitivo presentando una querella criminal. Se inicia entonces un proceso ante los tribunales de Aragón bajo la atenta mirada del Justicia, que no solo tutela al reo «manifestado» para quedar bajo la protección de fuero, sino que eventualmente podría anular la sentencia si advirtiera que incurría en un vicio grave, en un contrafuero.

Pero las actuaciones procesales que se abren entonces para Antonio Pérez carecen de un impulso sostenido y se encuentran además con complejos trámites que las ralentizan y bloquean. El máximo representante del rey en Aragón, Íñigo Gómez de Mendoza, marqués de Almenara, constatando la maraña que se teje en torno a Pérez y que podía dejarlo impune, propone al rey la intervención de la Inquisición. Era, sin duda, un hábil golpe de escena puesto que la Inquisición, al entenderse que protegía la seguridad nacional, no estaba sujeta a la legislación procesal de Aragón y, por tanto, no podían invocarse los fueros ante ella. Pero era necesario acusar a Antonio Pérez de haber cometido algún delito, falta o conducta susceptible de ser perseguida por la Inquisición. No resultó difícil para los retorcidos inquisidores que, entre otras piezas, acaban de cobrarse la del arzobispo de Toledo, Bartolomé de Carranza. Se encontró pronto una acusación contra Pérez: complicidad y connivencia con herejes, con los protestantes del Bearn, en el sur de Francia, hacia donde se dijo tenía intención de dirigirse.

Al ser acusado por ella, Pérez debía ingresar en la cárcel de la Inquisición, que en Zaragoza se encontraba en un edificio emblemático, el palacio fortificado de la Aljafería. El 24 de mayo de 1591 se procede al traslado del reo, pero se producen graves tumultos al resistirse a ello sus partidarios y los opositores a la Inquisición. El marqués de Almenara, el virrey, resulta gravemente herido y fallece a los pocos días. El traslado se frustra porque, para evitar males mayores, Antonio Pérez es devuelto a la cárcel de los «manifestados», bajo la tutela del Justicia de Aragón.

Al conocer los hechos, Felipe II mueve ficha y ordena que se concentre un ejército en Ágreda, junto a la frontera de Aragón. No era un ejército reclutado con el objeto de intervenir en Aragón, pues su misión se situaba en Francia, para apoyar al bando católico en las guerras de religión que allí se habían desatado. Pero, por si acaso, se decide que las tropas acampen en esa zona fronteriza mientras se sigue con atención el curso de los acontecimientos en Zaragoza.

Hasta entonces el rey Felipe se había sujetado al orden legal y jurisdiccional vigente, que contemplaba también la eventual intervención de la Inquisición. Ciertamente era una intervención forzada en este caso, con retorcidas argumentaciones de los inquisidores, pero admisible al cabo en el panorama de entonces marcado por la pluralidad de jurisdicciones y la desigualdad en el trato a las personas que de ello se derivaba. A la altura del relato en que nos encontramos, ya hemos podido constatar la presencia activa de tres jurisdicciones. Una era la jurisdicción real, bajo la directa autoridad del monarca. Era, en principio, la más objetiva en la administración de la justicia, pues provenía del rey, del Estado, con los medios de que disponía y las normas que la regulaban. Mejor caer así en la jurisdicción real que en las otras dos con las que también hemos topado.

La segunda es la jurisdicción señorial: la que ejercen los señores sobre sus vasallos. Se articula sobre unos derechos de los señores que recaen sobre las personas de los siervos. El derecho a maltratarlos, *ius male tractandi* (que hemos visto reconocido por el propio Justicia Mayor de Aragón), el derecho a juzgarlos, a condenarlos y el derecho a ejecutar los castigos, que incluía la horca o la muerte por hambre. No podían, pues, esperarse garantías allí donde no había la más mínima apariencia de juicio e imparcialidad. Lo peor era que las decisiones que se adoptaban por la llamada jurisdicción señorial no podían recurrirse ante la jurisdicción real (sería una injerencia en las «libertades» consagradas por los fueros), por lo que la suerte de los vasallos quedaba al exclusivo arbitrio de sus señores.

La tercera jurisdicción —en la que finalmente acaba recalando Antonio Pérez— es la de la Inquisición. Aunque tenía antecedentes en la órbita romana, la Inquisición española, castellana en un principio, fue creada a instancias de los Reyes Católicos con la aprobación del papado y se caracterizaba por el dominio que ejercía sobre ella el poder secular, situado en torno a la pujante monarquía. Por ello, aunque inicialmente concebida para la represión de falsos conversos y herejes, la Inquisición pronto derivó en un instrumento de control político como muestra bien a las claras el caso que nos ocupa, en el que se perciben los ecos del fuerte rechazo que suscitó en el reino de Aragón la instauración de este tribunal, ya desde los tiempos de los Reyes Católicos. La Inquisición contaba con una compleja organización y dispensaba un sofisticado tratamiento procesal a sus penitenciados. Podían ser torturados, pero ese trato no era exclusivo suyo pues también se aplicaba la tortura en los tribunales de la jurisdicción real, tal como experimentó en sus carnes Antonio Pérez cuando estaba preso en Madrid, sujeto a esta jurisdicción. Esa es una de las razones, en verdad muy poderosa, por las que huye al reino de Aragón para acogerse a sus fueros, que prohibían el tormento a los nobles y ciudadanos de primera. Pero había algo característico, y terrible, en el procedimiento ante la Inquisición y era que el acusado no podía conocer la acusación formulada contra él, ni conocer tampoco la identidad de sus acusadores o denunciantes. Esto dejaba con frecuencia a los denunciados en una situación de total indefensión, en la completa oscuridad jurídica pues no sabían frente a qué o frente a quién defenderse. Las dilaciones en el proceso, que podían ser de varios años en los que se permanecía en prisión, y la excepcionalidad de las sentencias absolutorias acababan por dibujar un cuadro siniestro de esta temible jurisdicción.

Felipe II actúa, respetándolo, en este orden jurídico y jurisdiccional. Solo tras los sucesos del 24 de mayo de 1591 en Zaragoza, en los que se produjo la muerte del marqués de Almenara y se impidió el traslado de Pérez a la cárcel de la Inquisición, manifiesta, discretamente y sin violencia, su propio poder con ese movimiento de tropas que se acantonan en la frontera con Aragón.

Transcurridos cuatro meses exactos, el 24 de septiembre de 1591, se procedió de nuevo al traslado de Antonio Pérez a la cárcel de la Inquisición en la Aljafería. El ambiente previo estaba aún más enrarecido pues dos días antes de esta fecha, falleció el Justicia Mayor de Aragón, Juan de Lanuza y Perellós, conocido por el sobrenombre de «El Zorro». Le sucedió al momento su hijo, Juan de Lanuza y Urrea, que solo contaba veintisiete años de edad. Este es otro dato que muestra el dominio señorial, que se manifestaba también en la patrimonialización de los cargos públicos: uno tan relevante como el Justicia Mayor llevaba varias generaciones en manos de la misma familia. Ningún derecho, ni tan solo expectativa, tenían las gentes del pueblo para acceder a los cargos públicos, aunque hubiera personas con grandes méritos profesionales o de conocimiento del Derecho como razonablemente serían exigibles para este puesto.

El caso fue que los disturbios de este segundo intento de traslado del preso fueron aún mayores y se saldaron con más de treinta muertos y la fuga de Antonio Pérez.

El rey ordenó entonces la entrada en Aragón del ejército que estaba acantonado en la frontera. El nuevo Justicia Mayor, jaleado por los nobles que apoyaban a Pérez y se oponían al centralismo castellano, se puso al frente de la resistencia: declaró primero que la incursión del ejército constituía una flagrante vulneración de los fueros, un «contrafuero», y apeló luego a los pueblos y señores para la formación de una milicia que se opusiera a la intervención militar castellana. Hizo llamamientos a otros territorios forales, Cataluña y Valencia, para que les apoyaran con el envío de tropas. El conflicto había entrado en el terreno del poder militar y el del ejército aragonés, precipitadamente reclutado, era muy débil: los contingentes de tropas enviados por los pueblos fueron muy inferiores a lo esperado, apenas dos mil hombres mal armados, sin instrucción ni disciplina alguna. Enfrente tenían un ejército de doce mil hombres, jóvenes e inexpertos por lo que se cuenta, salvo ochocientos veteranos. Pero los mandos eran de lo mejor de Europa: gente de acción y ya curtida en batallas, pero con inteligencia para leer el entorno político de los conflictos y total dominio de la tropa, que avanza sin ninguna resistencia y toma Zaragoza.

Ante la desbandada de las milicias aragonesas y el nulo eco que tiene la petición de auxilio en Cataluña y Valencia, los nobles que apoyaban al Justicia Mayor huyeron hacia Francia. Algunos fueron apresados y otros ejecutados al momento. Juan de Lanuza, el Justicia Mayor de Aragón, fue detenido en Zaragoza.

El ejército del rey Felipe II se hizo con el dominio total de la situación. Su jefe era Alonso de Vargas, hombre con altas capacidades militares y políticas, que consideraba pacificado el país y que no debía hacerse más sangre. Propuso que, para cerrar heridas y restablecer la confianza, se reincorporasen a los más altos cargos algunos nobles destacados que apoyaron a Pérez, como el conde de Aranda y el duque de Villahermosa.

En la Corte de Felipe II, los asuntos de Aragón eran tramitados e informados por el Consejo de Aragón. Las sensatas propuestas que llegaban de Alonso Vargas no fueron vistas allí con buenos ojos, y es así como este órgano informó «que don Alonso no aconsejaba lo que convenía al servicio de Su Majestad». Se abrió entonces un debate en el Consejo de Aragón sobre las medidas a proponer al rey.

Pero en ese momento, Felipe II tomó una decisión estrictamente personal, sin consultar, pues, con el Consejo, notificada directamente por carta al general del ejército en Aragón, Alonso Vargas. Le ordenaba que procediera a la ejecución de Juan de Lanuza al día siguiente de recibir la carta. Y así se hizo:

el Justicia Mayor fue decapitado el 20 de diciembre de 1591 en la plaza del mercado de Zaragoza.

El poder del rey Felipe II se descargó así brutal, desnudo, al margen por completo del orden jurídico vigente, haciendo así realidad el lema del poder real absoluto: *rex legibus solutus*, el rey está suelto, desvinculado, de las leyes. Fue un ejercicio cruel del poder, que era posible por no estar sujeto a norma alguna, ni tener que observar un procedimiento para adoptar decisiones con la ordinaria intervención de órganos consultivos y de asesoramiento.

A la vista de lo ocurrido, posiblemente pensaría Felipe II que su inicial y prolongada sujeción en este caso al orden legal y a lo que dispusieran los tribunales había sido un error, una deferencia excesiva por su parte. Que ya en el primer momento tenía que haber hecho desaparecer a Pérez y que no habría pasado nada: ninguna crítica ni objeción alguna se le habría planteado, nadie habría osado a ello. Se habrían evitado así el conflicto en Aragón y las pérdidas humanas que en él se produjeron, entre ellas las del virrey, conde de Almenara, y la del propio Justicia Mayor de Aragón, Juan de Lanuza, que tanto dañó, y con razón, la imagen de Felipe II. Y se habrían evitado también las dos humillaciones que comportaron las fugas de Antonio Pérez: la primera, de su prisión en Madrid; la segunda, y definitiva, durante su traslado a la cárcel de la Inquisición en Zaragoza. Pero lo peor para el rey fue que Antonio Pérez, huido a Francia y luego a Inglaterra, se convirtió en el principal inspirador de la leyenda negra sobre la España de entonces en la que el propio Felipe II tenía el principal papel de villano.

Por su parte, Juan de Lanuza, el Justicia de Aragón, dispuso de muy poco tiempo para reflexionar críticamente sobre su actuación pues se le cortó la cabeza pocas horas después de que le comunicaran la voluntad —que no la sentencia, pues no hubo proceso alguno— del rey Felipe II. No acertó Juan de Lanuza en la valoración de las fuerzas en litigio; un gravísimo error de cálculo en muy buena medida imputable a su juventud y a su sorpresivo acceso al cargo tras la muerte de su antecesor, que no era otro que su padre, al que, sin duda, no le habría rodado la cabeza. Por algo a él le llamaban «El Zorro», y como tal supo moverse en los primeros momentos del enrevesado conflicto en torno a Pérez hasta que súbitamente falleció de muerte natural. Con solo veintisiete años, su hijo Juan creyó que la defensa de los fueros contaría con el resuelto y cerrado apoyo de la nobleza y la clase dirigente aragonesa, que en un principio le animó de manera entusiasta, para luego dejarlo solo ante el imparable avance del ejército castellano. Depositó también sus esperanzas en la ayuda, que nunca llegó, de los territorios forales vecinos, Cataluña y Valencia. Pero, sobre todo, no acertó a discernir donde se encontraba el verdadero poder, ni a vislumbrar siquiera que pudiera ejercerse del todo al margen de la ley y de cualquier tipo de control por los tribunales de justicia. Tuvo que ser él mismo, que se presentaba como la encarnación de la justicia —el Justicia Mayor—, el que lo experimentara dramáticamente cuando le decapitaron.

2. El juicio a Carlos I de Inglaterra

Cincuenta años más tarde damos con otro caso en Europa que enfrenta al gran poder de entonces, el que encarnaba la monarquía, con la justicia. En Inglaterra reinaba Carlos I, de la dinastía de los Estuardo, que habían sucedido a la de los Tudor. Al igual que estos, los Estuardo estaban convencidos de que eran reyes por Derecho divino y que no tenían compromiso alguno con el pueblo, representado en el Parlamento. Pero así como los Tudor, todavía al final de la Edad Media, pudieron ejercer el poder de ese modo sin especiales problemas, los Estuardo (*Stuart*) tuvieron que vérselas con una sociedad que cuestionaba el absolutismo monárquico. En los siglos XVI y XVII se había desarrollado en Inglaterra una fuerte actividad económica y comercial que enriqueció a una clase social muy amplia, integrada sobre todo por comerciantes y propietarios agrícolas. Estos grupos estaban muy bien representados en el Parlamento, sobre todo en la Cámara de los Comunes (*House of Commons*), que reclamaba un mayor protagonismo político a cambio de las aportaciones dinerarias que el rey, cada vez más necesitado, requería para financiar las campañas bélicas en las que Inglaterra estaba involucrada y los crecientes gastos del Estado. Convocar el Parlamento, pedirle fondos y negociar a cambio cesiones de poder no resultaba nada grato a los reyes Estuardo, que se creían llamados a ocupar la misma posición que ostentaban otras monarquías europeas como la francesa o la española, capaces de ejercer su poder sin limitaciones por parte de otros órganos del Estado, tal como hemos visto en la exhibición de poder de Felipe II. De hecho se dio una buena sintonía entre los Estuardo y los reyes españoles de la casa de Habsburgo. Se había pensado incluso en la unión de las dos familias mediante el matrimonio, que finalmente no se celebró, de la hija de Felipe III, la infanta Ana María de Austria, con el futuro Carlos I, que siendo príncipe pasó una temporada en Madrid, acompañado por el duque de Buckingham, para conocer a la infanta. No es de extrañar así que el Museo del Prado albergue una excelente colección de cuadros de Anton van Dyck, el gran pintor holandés que vivió en la corte de los Estuardo llamado por Carlos I. En uno de estos cuadros, espléndido por lo demás, aparece el propio Van Dyck junto a su amigo y protector *sir* Endymion Porter, destacado diplomático inglés, hispanófilo y partidario de una alianza con la monarquía española, que también acompañó a Carlos, cuando era príncipe, durante su estancia en Madrid.

Los reyes Estuardo pretendieron así gobernar sin la intervención del Parlamento. El padre de Carlos, Jacobo I, pudo hacerlo entre 1611 y 1621 porque no se vio en la necesidad de convocarlo, pues el suyo fue un reinado pacífico, sin guerras exteriores que requiriesen especiales acopios de fondos. Carlos I se mantuvo en ese principio, afirmando el poder supremo de la Corona, sin convocar el Parlamento. Parecía que la monarquía absoluta se imponía definitivamente en Inglaterra, y así lo mostraba la imagen de poderío que trasluce un retrato ecuestre de Carlos I que se exhibe en la National Gallery de Londres, realizado por Van Dick en 1633, en el apogeo de su reinado. Pero poco más tarde la posición del rey se complicó.

Primero se generó un sorprendente conflicto en el plano religioso. Carlos detestaba a los puritanos y nombró como arzobispo de Canterbury a William Laud, un declarado enemigo de ellos. Laud llevó a cabo una política de uniformidad religiosa, en clara sintonía con las ideas del rey, y reintrodujo además ciertas prácticas católicas que irritaron aún más a los puritanos, que ya no habían visto con buenos ojos el matrimonio de Carlos con una católica, Enriqueta María de Francia. El conflicto estaba muy cargado, pues gran parte de los grupos que se enriquecieron y prosperaron económicamente por entonces eran puritanos, con una presencia muy destacada en el Parlamento, que finalmente el rey no tuvo más remedio que convocar, y ahí se dio la tensión más grave.

Pero además, y sobre todo, la guerra con Escocia obligó a Carlos a convocarlo —por primera vez en once años— para obtener fondos con los que financiar su ejército. Entre otras contrapartidas, el Parlamento aprobó una ley estableciendo que, como mínimo, debía ser convocado cada tres años. Muy pronto se vio que Carlos no se sentía vinculado por esa ley, ni por ninguna otra que procediera del Parlamento. La tensión llegó al máximo cuando Carlos envió tropas a la Cámara de los Comunes para detener a cinco diputados que consideraba peligrosos enemigos de la Corona. El conflicto se trasladó entonces al terreno bélico cuando estalló la guerra entre la Corona y el Parlamento, en la que cada parte contendiente reclutó y costeó su propio ejército.

Una guerra en la que el pueblo inglés se mantuvo ajeno pues no veía en ella más que una pugna entre dos instancias del Estado, y los intereses que en torno a ellas se articulaban, por hacerse con el poder supremo.

El Parlamento, bien arraigado entre las clases más pudientes, captó mayores recursos y pudo formar un ejército con más medios y preparación bajo el mando de Oliver Cromwell. Su victoria se confirmó definitivamente en la batalla de Naseby. El rey Carlos I trató entonces de recabar el apoyo de Escocia, pero finalmente fue hecho prisionero. Los mandos del ejercito victorioso, que eran los que concentraban por entonces el poder, decidieron que debía ser juzgado por traición.

La principal preocupación de Cromwell y sus partidarios era entonces la de dotar al juicio de la necesaria legitimidad y cobertura formal. Se pensó en un primer momento en residenciar el juicio en el propio Parlamento, pero la institución estaba entonces muy mermada: no había, por supuesto, diputados realistas y los presbiterianos también habían salido por la fuerte presión ejercida sobre ellos. Además, la Cámara de los Lores se mostró contraria a juzgar al rey, por lo que la Cámara de los Comunes decidió entonces prescindir de ella y actuar en solitario. En realidad era el ejercito y su jefe, Cromwell, quien ostentaba el poder, y el que decidió la creación de un tribunal especial, que se consideró una corte superior, *High Court*, sin posibilidad de apelar la sentencia que dictara.

Como presidente de esa *High Court* se buscó entre los jueces que ocupaban las más altas magistraturas: el *Lord Chief Justice of England*, el *Lord Chief Justice of the Common Pleas* y el *Lord Chief Baron of the Exchequer*. Como todos declinaron la propuesta, se designó entonces a un jurista sin relieve público, un abogado (*barrister*) llamado John Bradshaw. Como fiscal se designó a otro abogado, John Cook, después de que el fiscal general, *Attorney General*, hubiese alegado una enfermedad que le impedía cumplir con esa tarea. Se nombraron también otros magistrados y fiscales auxiliares hasta formar una Corte de unos ochenta miembros que sesionaba en Westminster, allí donde había sido juzgado Tomás Moro, poco más de cien años antes.

Fue el propio Carlos el que asumió su defensa, pues se pedía de él en el juicio que contestase y rebatiese los cargos que se le imputaban. Posiblemente estaría asesorado por algún buen jurista o político partidario suyo, ya que durante el juicio estaba preso en la casa de *sir* Robert Cotton, donde se le permitía recibir visitas. Lo cierto es que su estrategia en el juicio resultó muy acertada, una valoración que realza todavía más la perspectiva histórica con la que hoy contemplamos el caso. Carlos no entró a rebatir ninguna de las acusaciones que se presentaban contra él. Sus manifestaciones y alegatos se enderezaron a recusar abiertamente, como institución, al tribunal especial que se había creado. Un tribunal, dijo, que trastocaba por completo el orden constitucional y la distribución de poderes y funciones entre los órganos superiores.

El juicio se desarrolló en varias sesiones orales durante el mes de enero de 1649. En todas ellas el presidente Bradshaw conminó a Carlos a que rebatiese las acusaciones, a lo que este se negó sistemáticamente limitándose a negar la jurisdicción del tribunal. Solo al final, cuando el fiscal Cook presentó sus conclusiones, Carlos replicó reparando exclusivamente en los aspectos constitucionales. La acusación principal —que anticipaba de algún modo ideas de John Locke y de otros pensadores— era que el rey había incumplido el contrato con el pueblo. Carlos alegó entonces que él había actuado siempre de acuerdo con el *rule of law* y en defensa de las libertades del pueblo inglés, respecto al cual la Corona ocupaba una posición independiente.

Tal como estaba previsto, Carlos I fue condenado a muerte mediante la separación de su cabeza del cuerpo. Como la ejecución se fijó para un gélido día, el 30 de enero de 1649, se abrigó con una segunda y recia camisa para no temblar de frío, lo que podría interpretarse como una manifestación de miedo. Ya en el patíbulo soltó un *speech* en el que reiteró sus ideas y principios, concluyendo que la gran preocupación de su reinado había sido la defensa de las libertades y que por ello moría como un mártir del pueblo (*martyr of the people*).

La estrategia adoptada por Carlos I en el juicio se mostró así muy efectiva. Sabiendo, como era extendida opinión, que la sentencia sería condenatoria, no planteó su defensa ante el tribunal, sino ante la historia. Se dice de él que fue muy mal rey, pero muy buen mártir. Lo cierto es que la Iglesia anglicana introdujo en su calendario litúrgico la celebración del aniversario de la ejecución de Carlos I, venerado así como santo en su *Book of Common Prayer* hasta que, ya en el siglo XX, la reina Victoria lo excluyó de ese libro santoral. Como reacción a esta decisión se constituyó entonces la *Society of King Charles the Martyr,* que promueve celebraciones cada aniversario de su ejecución. En cualquier caso, el rey Carlos tuvo un juicio más favorable por la historia que el recaído sobre su principal adversario e instigador de su muerte, Oliver Cromwell. El régimen republicano por él instaurado —que pronto derivó en una dictadura— fue rechazado por el pueblo inglés y, tras la muerte del dictador en 1658 y la fracasada sucesión por su hijo, el Parlamento restauró la monarquía en la persona de Carlos II, hijo de Carlos I. Al poco tiempo se exhumó el cadáver de Cromwell, que estaba enterrado en la abadía de Westminster, y se le condenó a una ejecución póstuma, que se ejecutó el 30 de enero de 1661, en el aniversario de la muerte de Carlos I. El cadáver de Cromwell fue decapitado y los restos de su cabeza se lanzaron a una fosa.

Transcurrido un siglo y medio, el juicio del rey Carlos I de Inglaterra fue objeto de particular atención en los debates de la Convención Constitucional de los Estados Unidos de América cuando se tramitaba su Constitución, en 1787. Destacó sobre todo la intervención de Benjamin Franklin al discutirse la fórmula del *impeachment*, el procesamiento del presidente de los Estados Unidos. Franklin manifestó su opinión muy desfavorable sobre el único caso conocido de enjuiciamiento de un rey. Muy pocos años después se daría otro, esta vez en Francia.

3. El juicio a Luis XVI, rey de Francia

La película de Ettore Scola, *La noche de Varennes,* nos sitúa en un momento clave de la Revolución Francesa. El rey Luis XVI ha sido detenido en esa pequeña ciudad próxima a la frontera norte cuando intentaba huir de Francia. La familia real es devuelta a París y queda retenida bajo la vigilancia de la Guardia Nacional, primero en Las Tullerías y más tarde en un antiguo castillo templario, el Temple. Se atribuyeron a Luis XVI maquinaciones y acuerdos con potencias y monarquías extranjeras para invadir Francia y acabar con la Revolución. Se acusa entonces al rey de alta traición y se pretende que sea juzgado por ello.

Pero la pretensión de juzgar al rey se planteaba en un entorno ideológico y constitucional muy distinto al que había dominado en Europa los siglos anteriores. Habían arraigado nuevas ideas, muchas de ellas derivadas del pensamiento ilustrado, que dibujaban una nueva imagen del orden político, de sus sujetos, de la legitimidad del poder, de su organización, de sus límites y facultades, de los derechos de las personas. Son ideas que confluyen, impulsándolo, en el movimiento revolucionario, y que cristalizan por entonces en sus primeras expresiones legales y constitucionales. Por eso el juicio de Luis XVI no se planteó tanto en torno a la legislación procesal, sino en el terreno de las nuevas ideas y su trasfondo filosófico. Así, las cuestiones que con carácter preliminar se plantearon eran fundamentalmente dos: la primera, si el rey podía ser juzgado y, en su caso, la segunda, por quién. Para informar sobre ellas, la Convención formó una comisión presidida por Charles Barbaroux, un abogado de Marsella, en la que quien tenía la voz cantante era el relator, Jean Mailhe, otro abogado del sur, de Toulouse. En el informe Mailhe se mantenía la inexistencia de lazos entre la nación y el rey: no se daba una relación contractual entre estos dos poderes, que contaban con diferentes legitimidades. Pero la nación preexiste a la Constitución y al estatuto constitucional del rey. La nación tenía entonces la facultad de juzgar al rey y de ahí se llegaba fácilmente a resolver la segunda cuestión —quién habría de juzgar en su caso al rey—, que para el informe Mailhe no ofrecía ninguna duda: la Convención o Asamblea General, como representante que era de la nación. Este informe —no carente de contradicciones como habrá podido advertirse— se presentó a la Convención el 13 de noviembre de 1792 para su discusión en ella.

Las dos posiciones se manifestaron entonces en esa Asamblea General. Una, contraria a juzgar al rey y, la otra, claramente favorable a ello. La que se oponía al juicio contaba con el apoyo del importante grupo de los girondinos y su defensa corrió a cargo del diputado Morrison, que tras constatar las perfidias del rey, se atuvo estrictamente a lo dispuesto por la legislación y la Constitución vigentes: el Código Penal no contenía precepto alguno que resultara aplicable al monarca y la única norma que lo contemplaba, la Constitución de 1791, declaraba inviolable su persona. De acuerdo con la ley, tan ensalzada entonces como expresión de la voluntad popular, el rey no podía ser juzgado.

La tesis contraria, que entendía que el rey era justiciable, contaba con el apoyo entusiasta de los jacobinos y fue argumentada en la Convención por dos encendidos oradores: Maximilien Robespierre y su joven émulo, Saint Just. Es aquí donde los argumentos se alejan de la legislación para entrar en el terreno de las ideas y de la filosofía. Las apelaciones al Derecho serán al Derecho de gentes y a un Derecho natural que los revolucionarios habían denostado para imponer sobre él la ley emanada por la asamblea, que ahora justamente se ignoraba. Semejante línea argumental se enmarcaba en una retórica que pudo ser efectista e impresionar un tiempo, pero que ahora se nos antoja hueca y demagógica. El primer discurso, muy impactante, a favor del enjuiciamiento del rey Luis XVI corrió a cargo del joven Saint Just. El tono dramático lo marcó ya desde el inicio: «¿Qué República vais a establecer si el hacha tiembla en vuestras manos?». Saint Just se apartaba de la ley y la Constitución para adentrarse en consideraciones filosóficas propias del momento, como eran las que giraban en torno a la doctrina del contrato social tal como Rousseau la había formulado. Según Saint Just el rey era ajeno al contrato social —«¿qué hay de común entre Luis y el pueblo francés?»— y, por tanto, no se integraba en la comunidad, ni se producía en él el tránsito del estado de naturaleza al estado civil y por ello «no puede ser juzgado civilmente», no podría ser juzgado aplicando el Derecho positivo francés, sino de acuerdo con el Derecho de gentes. Y a la inviolabilidad del rey, según establecía la Constitución de 1791 y que lo situaba al margen de cualquier juicio de su actuación por los tribunales, Saint Just replicó de manera célebre que «no se puede reinar inocentemente».

Más tarde, en otro famoso discurso del 3 de diciembre de 1792, Robespierre se mostró aún mas radical al mantener que, si no se condenaba al rey, la República francesa sería una farsa y podría tratarse, además, de un caso de prevaricación. Su conclusión también se hizo famosa: «Luis debe morir para que Francia viva».

Como bien puede advertirse, no solo se debatía la cuestión propia de esa fase preliminar, que era si el rey podía ser juzgado, sino que, desde los sectores más radicales, se reclamaba ya una sentencia condenatoria. El hacha en la mano de Saint Just ya avanzaba la condena que Robespierre exigió sin rebozo alguno.

El debate se reprodujo en torno a la segunda cuestión, que ahora no era ya solo qué órgano o instancia habría de juzgar al rey, sino con arreglo a qué procedimiento. Se confirmó entonces la existencia de lo que hoy se da en llamar un limbo jurídico, en el que se encontraría el rey Luis XVI pues, según la argumentación alambicada de sus acusadores, cuando fue destronado no pasó a tener la consideración de ciudadano, puesto que siempre estuvo al margen del contrato social. Por ello no le resultaba aplicable la legislación procesal penal que residenciaría el juicio en el tribunal predeterminado por la ley, con observancia estricta del procedimiento establecido. De ese modo, al no reconocérsele la condición de ciudadano, se le negó su sujeción al régimen común y se estableció para él un régimen especial que rompía con cualquier atisbo de igualdad al ser tratado de un modo diferente, que se mostró mucho más rápido y expeditivo: sería juzgado ante la Convención con arreglo a un procedimiento *ad hoc*, especialmente fijado para el caso. Se anunció así formalmente la decisión el 10 de diciembre de 1792: «Luis comparecerá mañana ante la Convención». Quien era tratado así como cualquier ciudadano —no un rey, sino un Luis cualquiera— quedaba sujeto así a un proceso, del todo especial y singular para él, ante la Convención.

Se combinaron entonces elementos del proceso penal con los trámites propios de la actividad parlamentaria, vulnerando así el principio de división de poderes, tan enfáticamente proclamado por la «Declaración de derechos del ciudadano» de 1789. Una vulneración que fue denunciada por varios diputados que negaban a la Convención la facultad de ejercer funciones jurisdiccionales. «Ejercería un acto de tiranía si acumulase las funciones de legislador y de juez», afirmaba Saint-Martin, diputado por la Ardèche; en la misma línea se pronunciaba el diputado Fauchet: «La Convención no tiene el derecho de acumular, de confundir, de ejercer todos los poderes».

Pero se quiso dar, en la Convención, la apariencia propia de un proceso judicial penal y se permitió al rey la asistencia de abogados. Se ofreció a defender al rey quien había sido ministro suyo: Guillaume Chrétien de Lamoignon de Malesherbes. El rey aceptó, pero Malesherbes, que tenía una dilatada carrera política y buena formación jurídica, nunca había actuado ante los tribunales. Recabó entonces la colaboración de dos abogados de prestigio: François Tronchet y Romain de Sèze, que era posiblemente el mejor penalista del momento. Se interrogó al rey sobre los cargos que se le imputaban, a lo que respondió con respuestas breves e imprecisas. Pero la línea argumental más poderosa de la defensa es la que se enderezó a denunciar las irregularidades y vulneraciones a los principios más elementales de la justicia, sobre todo tal como habían sido afirmados por la propia Revolución. Comenzaban con la falta de lo que propiamente podría considerarse un tribunal de justicia: «Busco entre vosotros jueces y no veo más que acusadores», afirmó el abogado Romain de Sèze en frase que también se hizo célebre. Se insistió, y en tal sentido se manifestaron varios diputados, en las graves vulneraciones que suponían la negación de la división de poderes, de la irretroactividad de las normas penales más rigurosas (como eran las que se invocaban, aprobadas para la ocasión) o la negación al reo de la condición de ciudadano con los derechos y garantías que ello comportaba.

La decisión —o algo que quería parecerse a una sentencia— habría de ser el resultado de una votación en la Convención o Asamblea General. La votación no fue secreta y cada diputado debía manifestarse de manera explícita. Primero se votó si se consideraba culpable a Luis, con el resultado de 691 votos en sentido afirmativo y 27 en contra, por lo que se le declaró «culpable de conspiración contra la libertad y la seguridad del Estado».

Habría de votarse luego la pena que se le imponía. Pero entonces se planteó, sobre todo por los girondinos, una cuestión de particular interés, muy pertinente por lo demás, que era someter a la consulta de la nación la decisión final. Se argumentó también que a la nación, como soberana que era, le correspondería ejercer en su caso el derecho de gracia. Pero los mismos que con rotundidad habían apelado a la voluntad suprema de la nación fueron los que más se opusieron a consultarla. Entre otros, Robespierre alegó con vehemencia que eso sería darle una oportunidad al despotismo y también se invocó —cómo no— a Rousseau, cuando mantenía que la voluntad general no era la voluntad de todos. Por 424 votos contra 283, se rechazó la consulta a la nación.

Quedaba entonces por votar la pena. 361 diputados votaron por la pena de muerte con ejecución inmediata; 26 votaron también por la pena capital, pero diferida su ejecución a un momento posterior (en el convencimiento de que, cuando pasase la fase más crítica y agresiva de la Revolución, no se ejecutaría esta pena) y 334 diputados votaron por la muerte condicionada o la prisión en modalidades diversas, entre ellas la cadena perpetua. Como bien puede observarse, la votación esta vez fue muy ajustada y, sin duda, el voto que más llamó la atención fue el del aristócrata Philippe d'Orleans, emparentado con el monarca y en clara sintonía con la Revolución —se le conocía con el apodo *Philippe Egalité*—, que manifestó que era su deber pedir la muerte de todos los que atentan contra la seguridad de la nación.

Luis XVI fue guillotinado a las 10 de la mañana del día siguiente en la plaza de la Revolución, plaza de la Concordia en la actualidad. Hombre de profundas convicciones religiosas —no aceptó nunca el estatuto civil del clero que se estableció por la Revolución— fue atendido, en la prisión y en el patíbulo, por Edgeworth de Firmont, sacerdote católico refractario, pues no se había adherido al estatuto civil. Murió Luis con dignidad cristiana y sus últimas palabras fueron: «Pueblo, muero inocente y espero que mi sangre pueda contribuir a la felicidad de Francia».

La ejecución de Luis XVI fue, sin duda, una gran victoria de los revolucionarios más radicales, particularmente de los jacobinos, que al comprobar su dominio en una Convención que permitió la caída de las más elementales garantías judiciales, solicitaron de esta asamblea la formación de un tribunal de excepción, el «Tribunal revolucionario», creado por Ley de 10 de marzo de 1793, apenas transcurrido un mes de la muerte del rey. El Tribunal, que contaba con órganos descentralizados en las principales ciudades francesas, decretó la condena y ejecución sumaria de miles de personas: tres mil en París, veinte mil en toda Francia. Bastaba para ello ser considerado enemigo de la Revolución. Se ha visto por ello en ese Tribunal el inicio de los modelos totalitarios posteriores basados en ideologías y fundamentalismos filosóficos, sobre todo por su conexión con las ideas de Rousseau, que propugnaba la «muerte como enemigo público» a quien rompiera el contrato social.

Así fue como el Tribunal revolucionario se llevó por delante a la mayoría de personajes que han aparecido en este relato. El primero fue el duque Felipe de Orleans (conocido por el irónico apodo *Philipe Egalité* cuando era uno de los hombres más ricos de Francia) al que vimos votando por la condena a muerte de su tío, Luis XVI. Dos meses tarde fue detenido porque su hijo Luis Felipe fue acusado de estar en relación con el ejército austriaco. Esta acusación al hijo bastó para condenar y guillotinar el mismo día a su padre, el duque Felipe de Orleans. Su hijo, que se exilió entonces, sería luego el último rey de Francia, Luis Felipe de Orleans, que reinó entre dos revoluciones, la de 1830 y la de 1848, acabando esta última con la monarquía francesa.

Los girondinos, que habían mostrado actitudes algo más benévolas en el juicio a Luis XVI, también fueron sometidos a esos procesos sumarios. El 30 de octubre de 1793 fueron juzgados, y guillotinados al día siguiente, veintiuno de ellos, entre los que figuraba su líder Jacques Pierre Brissot, hombre de talante liberal, gran cultura y muy buenas relaciones con la intelectualidad francesa y norteamericana.

Malesherbes, el anciano ministro de Luis XVI que le defendió ante la Convención, fue arrestado en diciembre de 1793 y guillotinado el 23 de abril de 1794, tras ver cómo rodaban las cabezas de su hija, su yerno, su nieta y el marido de esta. Todos habían sido detenidos y condenados por «conspiración con los emigrados». Conviene recordar que Malesherbes, desde los cargos políticos que había ocupado, contribuyó decisivamente a la publicación de *La Enciclopedia,* por lo que tuvo relación con Diderot, y fue un reputado botánico que mantenía correspondencia sobre el tema con J. J. Rousseau y Thomas Jefferson.

La misma suerte corrieron los dos diputados que de manera más firme, y célebre, reclamaron la condena a muerte del rey: Robespierre y Saint Just, que ni tan siquiera fueron juzgados por el Tribunal revolucionario. El 26 de julio de 1794 fueron detenidos en la Convención donde varios diputados temían, con fundamento, ser juzgados y ejecutados por el Tribunal revolucionario. Tras ser liberados por sus partidarios, Robespierre y Saint Just fueron de nuevo arrestados en el Ayuntamiento, donde se habían refugiado. Al día siguiente fueron guillotinados con veinte de sus fieles en la que actualmente se conoce como la plaza de la Concordia, donde Luis XVI les precedió en el cadalso el año anterior.

IV. LA ENSEÑANZA DE AQUELLOS CASOS. EL PODER (QUE PUEDE CAMBIAR DE SUJETO) SE IMPONE SIN CONTROL ALGUNO

Solo bien entrado el siglo XX fue objeto el juicio al rey Luis XVI de una crítica que acertaba a percibir y valorar con perspectiva el entorno en el que se produjo, el de las nuevas ideas que provenían fundamentalmente de la filosofía de la Ilustración, del Siglo de las Luces. Una crítica destacada, por penetrante y certera, fue la de un filósofo del siglo XX, Albert Camus. Ya en las primeras líneas de su ensayo, *El hombre rebelde*, constata cómo «nuestros criminales ya no son aquellos jovenzuelos desarmados que invocaban la excusa del amor. Por el contrario, son adultos, y su coartada es irrefutable: es la filosofía, que puede servir para todo, hasta para transformar a los criminales en jueces». Más adelante, en el capítulo que dedica a «Los regicidas» muestra bien a las claras cómo el proceso a

Luis XVI se impulsó sobre argumentos filosóficos, nuevas ideas que cancelaron el orden jurídico existente que no se aplicó en ningún momento. Unos argumentos que, como sabemos, procedían sobre todo de la filosofía de Rousseau y que tuvieron en Saint Just su principal intérprete. Se inauguraban así los juicios fundados en ideologías y dogmatismos como los realizados por el estalinismo en el siglo XX en los que Camus repara especialmente. Pero el arranque, el momento bisagra en la historia, lo sitúa en el juicio a Luis XVI que, en una valoración crítica, no se recata en denunciar como «un repugnante escándalo haber presentado como un gran momento de nuestra historia el asesinato público de un hombre débil y bueno».

A la vista de los hechos, los juicios a Carlos I de Inglaterra y Luis XVI de Francia no pueden realmente considerarse como juicios o procesos al poder, por muy reyes que fueran los acusados, pues, cuando se les juzga, ya no ostentaban poder alguno. Carlos lo había perdido en una guerra civil y Luis XVI en la revolución política que se desencadenó en Francia. Una realidad bien distinta a la que encontramos dos siglos antes en el primer caso estudiado: el rey Felipe II en la plenitud del poder, que inicialmente se sujeta a la ley pero que, en un momento dado, decide sin objeción alguna actuar al margen de ella y de cualquier proceso debido cuando ordena la decapitación del Justicia Mayor de Aragón. Ese poder se muestra intratable y, por supuesto, no admite enjuiciamiento alguno.

Pero, sesenta años más tarde, en el caso de Carlos I de Inglaterra y, un siglo y medio después, en el de Luis XVI de Francia, el poder había migrado a otra parte, a las asambleas representativas: al Parlamento en Inglaterra, a la Convención en Francia. Y fue en ambos casos este poder victorioso, que radicaba en las asambleas, el que juzgó a los que habían quedado desposeídos de él. Los procesos de Carlos I y Luis XVI son procesos parlamentarios, no judiciales. No estamos, por tanto, ante un control judicial del poder, pues no concurre ninguno de sus dos elementos: ni hay enjuiciamiento de un poder, pues lo ha perdido quien lo detentaba, ni hay intervención judicial, pues quien juzga en ambos casos es el Parlamento y no los jueces o tribunales de justicia.

Por ello estos procesos de tanta significación histórica vienen paradójicamente a destacar la relevancia de un caso menor, el de «jueces en Berlín», pues en él encontramos a un rey, Federico el Grande de Prusia, en el completo dominio del poder, a un prototipo del absolutismo monárquico, que se somete a lo que decidan los tribunales de justicia. Es la capacidad innovadora, y hasta transformadora, que solo se encuentra en los casos menores, en los que las partes y sujetos que en ellos intervienen muestran la valentía del cambio, que no se ofrece en los grandes casos sujetos a fuertes presiones políticas, sociales y, en la actualidad también, y destacadamente, mediáticas. «Jueces en Berlín» fue uno de estos casos menores, que no ha pasado a la historia por las circunstancias históricas y personajes que en él concurrían, sino por la transformadora novedad de su doctrina sobre el control judicial del poder.

V. LA NOVEDAD Y APORTACIÓN DE «JUECES EN BERLÍN»

1. El relato, sus circunstancias y su mitificación

Hemos de volver, por tanto, a ese cuento del molinero y el rey que se narraba al principio de este estudio para conocer los hechos tal como se produjeron, al origen de esa afirmación: «Hay jueces en Berlín», que se sitúa en una controversia entre Federico II el Grande, rey de Prusia y un molinero, el molinero de Sanssoucci. Este era el nombre del palacio de verano que el rey de Prusia se hizo construir cerca de Potsdam. Llamarle palacio puede resultar excesivo y pretencioso. Nada que ver con Versalles, la gran exhibición de la arquitectura palaciega del absolutismo monárquico. Lo que se encuentra y destaca en Sanssouci son unos primorosos jardines distribuidos en terrazas de acuerdo con un acertado diseño y algunos pabellones de estilo predominantemente rococó para residencia y esparcimiento del rey y sus invitados, sobre todo en los periodos de primavera y verano.

Materialmente adosado a este complejo de jardines y pabellones se encuentra un molino de viento con un característico estilo holandés; muy grande, pues este tipo de molino se utilizaba también para bombear agua y desecar así los *polders* en Holanda. Su presencia no es de extrañar en esta provincia de Prusia que tenía en Berlín y Potsdam sus principales centros, pues desde la Edad Media se había fomentado la inmigración de holandeses para repoblar las tierras de la Marca de Brandemburgo. En la actualidad, el molino de Sanssouci es un atractivo turístico: se muestra al público su funcionamiento tradicional y se venden panes y pasteles —presentados, por supuesto, como productos ecológicos— elaborados con su harina. Su existencia histórica se constata en numerosos cuadros y grabados sobre el palacio de Sanssouci de los siglos XVIII y XIX, que pueden encontrarse reproducidos en muchos libros de historia. El molino se construyó por Wilhelm Ludwig Grävenitz, que en 1736 obtuvo la licencia —requerida por su proximidad con el palacio— que otorgara el rey Federico Guillermo I, padre de Federico II el Grande, protagonista de este relato. Años más tarde el molino fue comprado por un nuevo molinero, Carl Friedrich Vogel, que será el otro protagonista, la otra parte de la controversia.

La causa del conflicto entre el rey Federico II y el molinero Carl Friedrich Vogel se encontraba en las molestias que el molino causaba al rey y a sus numerosos e ilustres invitados. Sobre el tipo de molestias que motivaban las quejas existen diferentes versiones: según unas, era el ruido que el molino producía, sobre todo en los días ventosos; según otras, que el molino ahuyentaba las piezas de caza; otras versiones decían que el molino, situado en un promontorio, tenía un negativo impacto visual en la contemplación del paisaje y los jardines del palacio.

Federico II intentó en un primer momento comprar el molino, a lo que el molinero se negó. Amenazó entonces el rey con destruirlo y sería entonces cuando, replicando a las quejas del molinero, el rey le habría soltado, con cierto desdén, la famosa frase: «Hay jueces en Berlín» indicándole que, si se sentía atacado en sus derechos, podía recurrir a los tribunales de justicia. Otros relatos atribuyen la autoría de la frase al propio molinero que, anunciando su intención de llevar el caso ante los tribunales, habría manifestado que «todavía quedan jueces en Berlín». Y la versión más novelada, al recrear un diálogo entre los protagonistas, y que más reveladora resulta del ambiente histórico y jurídico en que se produjo es la de que, tras la oferta de compra del molino por el rey y su rechazo por el molinero, Federico el Grande, el rey absolutista, le habría dicho entonces: «¿Sabes que te puedo tomar el molino sin darte ni un céntimo a cambio?». A lo que el molinero habría respondido: «Sí, Majestad, pero eso sería si no hubiese un tribunal en Berlín».

Sobre el desenlace del caso también se ofrecen diferentes versiones: según una de ellas, el rey, ante la sabia respuesta del molinero, abandonó sus pretensiones sobre el molino. Otra versión da cuenta de la destrucción del molino por orden real y de una sentencia del tribunal de Berlín favorable al molinero que el rey Federico acató, indemnizándole adecuadamente. Otra relata que, ante la pretensión confiscatoria del rey, el molinero acudió al tribunal de Berlín, que dictó una sentencia favorable para él y que, cuando se la comunicaron a Federico el Grande —aterrorizados sus consejeros que esperaban una reacción furibunda—, este la aceptó de buen grado con el siguiente comentario: «Veo que todavía quedan jueces en Berlín».

Con todas las variantes que se quiera, lo cierto es que el caso se ha mitificado y se presenta como un ejemplo paradigmático del control judicial de los abusos del poder. El imponente rey de un Estado absolutista en clara expansión, que se contaba entre las grandes potencias europeas, apuntaba a los tribunales para la revisión de sus decisiones en un conflicto con un humilde molinero y acataba la sentencia que le condenaba a indemnizarlo. Con este caso se inauguraría en Europa la línea evolutiva enderezada al control judicial del poder y así ha sido saludado sobre todo desde los sectores liberales, entre otros por su influyente pensador, Friedrich Hayek, para quien «la historia del molinero de Sanssouci señala ya límites al poder real».

Pero la idealización del control judicial generada por el caso del molinero de Sanssouci se desvanece del todo si se le sitúa en el terreno en el que se construye su relato, que es el de la leyenda y la fabulación. A pesar de la extraordinaria difusión que ha tenido, que aumenta con el paso del tiempo, no hay constancia histórica del caso del molinero de Sanssouci. Es evidente la existencia del molino —ahora y en tiempos de Federico II— y cierto es que causaba molestias, por lo que el molinero y el rey —más verosímilmente sus consejeros— tuvieron sus desavenencias, pero en ningún momento se plantearon estas ante los tribunales, ni se entabló el diálogo entre el molinero y el rey en el que se deslizó la frase «hay jueces en Berlín», convertida luego en bandera de la lucha por el control judicial del poder. Ni en los libros y estudios de historia, ni en las biografías de Federico el Grande, rey de Prusia, se encuentra referencia alguna al cuento del molinero de Sanssouci. Ni tan siquiera en los libros alemanes que ofrecen una recopilación de estudios sobre los grandes procesos de la historia, como el dirigido por el profesor Demandt.

2. El caso del molinero Arnold y su mutación literaria

El que sí se relata en los libros y estudios de historia y en todas las biografías de Federico II es el caso, perfectamente acreditado y documentado, de otro molinero, el molinero Arnold. Un caso en el que el rey Federico tuvo una intervención tan destacada como impactante.

Era un caso bien diferente al que se fabuló en torno al molinero de Sanssouci. Para empezar, en el caso Arnold se trataba de un molino de agua y no de viento como en Sanssouci. El molino no estaba en las cercanías de Potsdam, sino en la remota localidad de Pommerzig (en la actualidad en territorio polaco con el nombre de Pomorsko), a cien kilómetros de Berlín. Lo movía la corriente de un arroyo que desembocaba en el Oder, un río importante que marca allí actualmente la frontera entre Polonia y Alemania. Además, a diferencia de lo que ocurre en el cuento de Sanssouci, el rey Federico no estaba implicado como una de las partes en el caso real del molinero Arnold, aunque tuvo una intervención muy relevante como vamos a tener ocasión de comprobar.

Lo cierto es que este caso acabó mutando en la fábula del molinero de Sanssouci. ¿Cómo se produjo esa fabulación? No hay una respuesta clara y bien establecida a esa pregunta, entre otras razones porque esa pregunta nunca se ha planteado seriamente.

Los historiadores y los biógrafos autorizados del gran rey Federico se refieren invariablemente al caso histórico del molinero Arnold y desconocen por completo, sin la menor referencia, la fábula del molinero de Sanssouci. Por el otro lado encontramos toda una literatura que incluye cuentos, obras de teatro, operas cómicas y espectáculos musicales que gira exclusivamente en torno al relato de Sanssouci, desconociendo por completo el caso real. Lo llamativo es que esa narración fabulada en torno al molino de Sanssouci es la que conocen los estudios y ensayos de ciencias sociales (tal como acabamos de ver en Hayek cuando ensalza el caso como el inicio del límite al poder real) y, más sorprendente aún, de ciencias jurídicas y políticas, como es el caso de Otto Mayer, que en su importante e influyente obra *Derecho administrativo alemán* constata, a la altura de los años veinte del pasado siglo, que el molino puede todavía verse junto al palacio de verano de Sanssouci. Mayer utiliza este que presenta como un «bello cuento» (*schone Erzählung*) para ilustrar el modelo de Estado policía que Federico II encarnaba de manera paradigmática.

¿Cómo se pasó entonces de la historia real del molinero Arnold, certificada por los historiadores y biógrafos, a la fábula del molinero de Sanssouci que ha tenido una mayor difusión, auspiciada, sin duda, por sus elementos literarios? Estaría, sin duda, muy extendido, el conocimiento popular, borroso y lejano, de un conflicto judicial en el que intervinieron el rey Federico y un molinero. Pero como quiera que nadie va por Pomorsko, la apartada e irrelevante aldea, hoy polaca, en la que se localizaba el molino de Arnold, la gente se lo figuró en otro molino, este sí muy conocido y visible, que estaba —y está— junto a los jardines y el palacio de verano de Sanssouci. Se fabuló entonces, sobre la base de unas desavenencias que ciertamente se habían dado en torno a las molestias que generaba el molino, el relato de un conflicto en el que se apeló a los jueces en Berlín, tomando del caso real la propuesta del rey Federico de someter la controversia (en la que él mismo no era parte y que se había resuelto en primera instancia en un tribunal de distrito) ante el tribunal superior con sede en Berlín. En ese movimiento, en esa constatada indicación del rey Federico, estaría el origen de la afirmación «hay jueces en Berlín», que se interpolaría luego en la fábula del molinero de Sanssouci.

Esa mutación y reconstrucción ficticia del relato se produce sobre todo en Francia, donde tuvo gran eco el desenlace del caso verídico del molinero Arnold, pero que, por la lejanía geográfica e idiomática, no tuvo una transmisión fidedigna y se prestó así a la recreación literaria, tan pujante en Francia por entonces. Sin duda, la obra que tuvo mayor difusión fue la del dramaturgo y jurista François Andrieux. Al ser oriundo de Estrasburgo, donde nació en 1759, Andrieux conocía bien la lengua alemana y el asunto le interesó como jurista culto y competente que era —fue magistrado del Tribunal de Cassation en París— por lo que acabó escribiendo una breve pieza teatral, *Le meunier de Sans-Souci* en la que, variando versiones anteriores, introdujo, poniéndola en boca del molinero, la frase «hay jueces en Berlín», que tanta fortuna hizo como nos consta. Andrieux, además de jurista, era un dramaturgo que tuvo cierto éxito en la Francia republicana y napoleónica de finales del siglo XVIII y principios del XIX. El relato que él escribió tuvo por ello la mayor influencia en la conformación de la leyenda y la frase que nos ha llegado.

Se escribieron y representaron —y se representan en la actualidad— diversas piezas teatrales, y hasta óperas cómicas, como la del compositor y director musical Karl Goepfart. Entre las obras de teatro destaca, por la relevancia alcanzada por su autor, *Der Müller von Sanssouci* (1958) de Peter Hacks, un importante, e interesante, autor teatral de la extinta República Democrática Alemana. Por todo ello no es de extrañar que el relato más difundido sea el del molinero de Sanssouci, una leyenda y recreación literaria, un cuento que tenía su moraleja y mensaje en favor del control judicial del poder. Recuerdo cómo sentía derrumbarse mis conocimientos de alemán cuando, siendo doctorando, leía en la Universidad de Múnich un libro de historia del Derecho que al exponer las aportaciones de la época de Federico II el Grande trataba el caso del molinero. Se relataba el caso de un molino de agua, de un criadero de carpas, lo que no concordaba en absoluto con el caso fabulado que conocíamos y que se nos había contado en clase, el del molinero de Sanssouci y «hay jueces en Berlín».

3. La historia real del caso Arnold. La cruda realidad del poder ante la justicia

Vamos, pues, ahora al histórico y documentado caso del molinero Arnold.

El molino de la historia era, como se ha dicho, un molino de agua situado en la pequeña localidad de Pommerzig (actualmente, Pomersko, en Polonia) en la región de Neumark, en la gran provincia de Brandemburgo. La titularidad del molino la detentaba un noble de Silesia, Gottfried Leopold Graf (conde) von Schmettau, que cedió su explotación mediante arrendamiento al molinero Christian Arnold. La propiedad colindante con la del molino, aguas arriba del arroyo que lo movía antes de desembocar en el río Oder, pertenecía a otro noble, Georg Samuel Baron von Gersdorf, que ostentaba el cargo de *Landrat*, representante del rey en el *Kreis* o comarca. Un cargo que invariablemente recaía en un miembro de la nobleza local que integraban los *Junkers*, grandes terratenientes prusianos.

Los problemas para el molinero Arnold comenzaron cuando el barón von Gersdorf construyó un criadero de carpas (gastronómicamente no muy apreciadas en los países mediterráneos pero sí, y mucho, en los centroeuropeos), derivando para ello un caudal de agua de tal volumen que reducía la presión y actividad del molino. Su producción se redujo de modo considerable, por lo que Arnold tenía serias dificultades para pagar el alquiler al titular, y el conde von Schmettau en 1773 demandó al molinero por impago ante el Tribunal civil (*Berufungsgericht*) de la región Neumark, con sede en la ciudad de Küstrin. En 1778, al persistir el impago, ejerció el propietario una acción de desahucio que comportó la salida de Arnold del molino. Poco antes, la autoridad administrativa del distrito de Neumark (*Neumärkischen Regierung*), ubicada también en Küstrin, había rechazado una reclamación por daños (*Shadensersatzklage*) del molinero Christian Arnold contra Georg Samuel baron von Gersdorff por la captación de agua para el criadero de carpas de este último que comportó la disminución de caudal que tan negativamente afectó al funcionamiento del molino.

Es entonces cuando Arnold —primeramente su esposa, Rosine— se dirige personalmente al rey Federico II. No se trataba de un procedimiento establecido, ni estaba previsto como una apelación. Tal como destaca Otto Mayer, el rey Federico II es el exponente más destacado del Estado de policía (*Polizeistaat*) propio del absolutismo, y su proclamado deseo era conocer en lo posible todos los asuntos que afectasen a sus súbditos, aun cuando en un primer momento se ocupasen los oficiales o funcionarios con más directa relación. No es de extrañar por ello que atendiese la queja de Arnold (a quien además conocía como soldado en la guerra de los Siete Años) y solicitara sobre el asunto el dictamen de dos cualificados juristas. El primero, un letrado del ejército, Ulrich von Heucking, que dictaminó a favor del molinero Arnold. Pero el consejero del Gobierno (*Regierunsrat*) Johann Ernst Neumann se pronunció negativamente en su dictamen sobre las pretensiones del molinero.

Federico asumió el dictamen favorable a la reclamación de Christian Arnold y promovió la apertura de un proceso judicial —no una mera reclamación administrativa como hasta entonces— ante el Tribunal del distrito de la región de Neumark, en

Küstrin, por los daños que el barón von Gesdorff había ocasionado al molinero Arnold al derivar caudales para el criadero de carpas. El Tribunal dictó sentencia en contra de las pretensiones de Christian Arnold.

Entonces, el rey Federico II, tomando ya manifiestamente partido por el molinero, le animó a interponer recurso de apelación ante el *Kammergericht* (Tribunal de Cámara, Tribunal Superior de Apelación) en Berlín. Ahí podría también imaginarse el origen de la frase, dirigida al molinero Arnold: «Hay jueces en Berlín», que podrían revisar la sentencia desfavorable de primera instancia. Pero el Tribunal de Berlín desestimó por unanimidad el recurso de apelación interpuesto por Christian Arnold.

Se produjo en ese momento un sorprendente golpe de escena cuando Federico II de Prusia, Federico el Grande, descargó de manera brutal, al margen por completo de la ley y el control judicial, todo el poder que concentraba en su persona. Cesó de inmediato al presidente del Tribunal de Apelación, *Kammergericht* de Berlín, el gran canciller Freiherr von Fürst und Kupferberg, y junto a los tres magistrados —Ransleben, Friedel y Graum— que dictaron la sentencia fue enviado directamente a la prisión de Spandau, la misma que dos siglos más tarde sería mundialmente conocida por albergar durante treinta años como único recluso al último dirigente nazi juzgado en Nuremberg, Rudolf Hess.

También fue detenido el presidente del Tribunal de distrito de Neumark, el Graf (conde) Fink von Finkestein, y enviado a prisión junto con los magistrados (Scheiber, Busch, Neumann y Bandel). El barón von Gelsdorf, propietario del criadero de carpas que disminuía el caudal de agua que llegaba al molino, corrió la misma suerte: fue encerrado en prisión y cesado de inmediato en el cargo de *Landrat* que ocupaba como autoridad de la comarca, *Kreis*, de Züllichau.

La actuación de Federico II conmocionó y dividió a la sociedad berlinesa. El sector conservador, muy ligado al estamento nobiliario, se puso del lado de los jueces y una representación del patriciado urbano acudió al domicilio de presidente del Tribunal (*Kammergericht*) depuesto, el Freiherr von Fürst und Kupferberg, para mostrar su solidaridad a la familia. Las clases populares, por el contrario, celebraron la intervención del rey.

Ante el revuelo generado, Federico II hizo pública, el 11 de diciembre de 1779, una declaración en la que daba a conocer las razones de su contundente actuación. Era una loa personal suya de la igualdad ante la ley y la justicia. Decía en ella que, conocida la sentencia manifiestamente injusta que se había dictado en el caso del molinero Arnold y para evitar que pudiera extenderse como ejemplo y referencia jurisprudencial, se creía en el deber de afirmar que «ante la justicia todas las personas son iguales, ya se trate de un príncipe o de un campesino [...] y el colegio de jueces que trata injustamente a las personas en atención a su condición social resulta más reprobable y peligroso que una banda de forajidos y merecen por ello un castigo».

4. El impacto del caso. Una catástrofe judicial desmitificadora

Los ecos del caso se extendieron pronto más allá de Prusia, impactando a los ambientes ilustrados europeos que tenían a Federico por uno de los suyos, un monarca avanzado y culto que participaba de todos sus ideales. El amigo de Voltaire —al que invitó a pasar una temporada en Sanssouci— que mantenía correspondencia con los filósofos e intelectuales del momento, se mostraba ahora súbitamente como un rey arbitrario y despótico, atentando además contra los fundamentos del sistema judicial que él mismo había declarado en su *Testamento político* como el elemento fundamental del Estado afirmando, entre otras cosas, que «en los Tribunales hablan las leyes y el rey (el que ostenta la posición de dominio, *der Herrscher*) debe guardar silencio». Pero tras el primer impacto negativo que produjo la brutalidad de su autoritaria intervención, en la Francia prerrevolucionaria el caso tuvo una buena aceptación al advertirse en él la defensa de la igualdad de las personas ante la justicia y la negación de los privilegios señoriales. El filósofo y matemático D'Alambert, que no había podido atender las invitaciones del rey Federico II para visitar Prusia, le escribió felicitándole por la resolución del caso y por poner a raya a la aristocracia. Ese ambiente favorable propició, sin duda, la mutación de la historia del molinero Arnold, con el brutal y arbitrario ejercicio de autoridad por el rey que en él se produjo, en el cuento del molinero de Sanssouci, que es un cántico a la limitación y control del poder por los tribunales de justicia.

Pero para los historiadores del Derecho, biógrafos e historiadores de las ideas políticas, la actuación de Federico II en el caso del molinero Arnold merece una valoración invariablemente negativa, con una gravedad que aumenta a medida que se afirman y generalizan los principios del Estado de Derecho. La opinión más extendida es la que considera al caso Arnold como una «catástrofe judicial». La intervención de Federico solo puede verse como un abuso poder y un atropello del poder judicial. Una vivencia histórica que echa por tierra el mito del control judicial del poder ensalzado en la incierta leyenda del molinero de Sanssouci y nos encara ante la cruda realidad de un poder que no solo queda fuera del control de los tribunales, sino que se permite desactivarlos por completo, enviando directamente a prisión a sus magistrados.

Un profesor alemán de Derecho público, Bernhard Schlink, destacado administrativista pero más conocido como novelista —sobre todo por su obra *El lector,* que nos adentra en otro juicio, el de las personas implicadas en los crímenes del nazismo—, ofrece en una de sus novelas, *El regreso,* una especie de antología de grandes errores judiciales. En ella figura en primer término el caso del molinero Arnold. Valorarlo en un entorno literario le permite a Schlink trascender la formalidad del caso y apuntar así su aportación más relevante en el plano de la justicia material, al satisfacer las pretensiones de la familia de un humilde molinero frente a los poderosos del momento.

VI. UNA EXPLICACIÓN EN SU CONTEXTO HISTÓRICO. LA LUCHA EN EUROPA POR EL DOMINIO DE LA JUSTICIA ENTRE EL PODER REAL Y EL SEÑORIAL

Como era de esperar, se han ofrecido diversas explicaciones al caso. Pero quiero situarlo aquí en esa tensión entre justicia y poder por la que venimos discurriendo que tan distinto resultado arroja en la fábula de «jueces en Berlín» con el molino de Sanssouci y en la historia real del molinero Arnold. Conviene para ello situar este caso, verídico y perfectamente documentado, en su contexto histórico, jurídico y social.

1. La formación del Estado y la integración de la justicia en torno a la monarquía en Prusia

Muy posiblemente el lector habrá notado el exceso de personajes del estamento nobiliario que aparecen en el caso del molinero Arnold. Tal condición tienen sus oponentes, uno demandante y otro demandado, en las controversias: el conde von Schmettau y el barón von Gesdorff. Pero también los magistrados que, siempre en su contra, resuelven mediante sentencia: el presidente del Tribunal de Neumark, el conde Fink von Finkestein, y el del Tribunal de Berlín, Freiherr von Fürst und Kupferberg. En cualquier caso, son demasiados «vons»:

von Schhmettau, von Gesdorff, von Finkestein, von Fürst und Kupferberg. Es ahí donde el caso se explica cabalmente: en la tensión, en el enfrentamiento, el pulso, entre el rey y los nobles. Tras conocer los dictámenes que previamente ha solicitado, Federico toma claro partido por Arnold, al que anima a accionar ante el Tribunal del distrito de Neumark. La sentencia es claramente contraria al molinero. El rey no interviene, pero propone y apoya la apelación ante el Tribunal superior de Berlín. La suya es entonces una actitud expectante y desafiante: les está echando un pulso a los magistrados. No tanto por su condición de jueces, sino como integrantes del estamento nobiliario que concentra un poder que pretende subordinar al suyo. Pero los magistrados —los nobles que ocupan esta posición en la magistratura— no se achican y, aunque sienten el reto y la presión, confirman de manera unánime la sentencia apelada.

La formación del poder estatal en Europa en torno a las monarquías absolutas se hizo en muy buena medida mediante la imposición sobre los poderes señoriales y estamentales. En esa tensión se dirimía también el poder sobre el Derecho y sobre los tribunales que lo aplicaban e interpretaban. En el caso de Prusia, la asombrosa construcción sobre un territorio pobre y marginal de un poderoso Estado moderno, que se incorporó al reducido círculo de las grandes potencias europeas, se culmina en la época de Federico II, que desarrolla todo un programa iniciado ya en algunos puntos por su padre, Federico Guillermo I. Posiblemente el gran logro de estos monarcas fue la integración en el Estado de la nobleza local y terrateniente cuyos miembros se conocían e identificaban como los *Junkers*, un grupo social poderoso y extendido por todo el territorio que se concentraba exclusivamente en el dominio directo y personal de sus latifundios. El mérito de los Federicos fue incorporarlos al proceso de construcción de un Estado moderno y bien articulado.

Un mecanismo clave de organización y articulación del Estado fue el que conectaba la estructura burocrática central del Estado con el espacio local dominado por los *Junkers*. Esa articulación se produjo sobre todo a través de la circunscripción comarcal, el *Kreis*, donde la principal autoridad, el *Landrat*, tenía la doble condición de delegado del rey, integrado, por tanto, en la estructura estatal, y representante de la nobleza local. El cargo de *Landrat* fue así monopolizado por los *Junkers*. Un *Landrat*, un *Junker* por tanto, era el barón von Gesdorff, al que hemos visto como parte demandada en el caso, pues al derivar agua para su criadero de carpas reducía el caudal del molino y disminuía ostensiblemente su producción.

Otra vía de integración de los nobles locales, los *Junkers,* en el Estado prusiano fue mediante su incorporación a los mandos del ejército, a los prestigiados puestos de élite de la burocracia y, también, a las más altas magistraturas del orden judicial, como eran los puestos de magistrados en el *Kammergericht* de Berlín. Ello muestra que no existían grandes diferencias de posición y estatus entre un oficial del ejército, un alto funcionario y el magistrado de un tribunal superior, pues eran cargos ordinariamente ocupados por miembros de la nobleza.

Y explica también la actitud y posición de mando de Federico ante unos jueces que él equiparaba a oficiales del ejército o funcionarios.

En el caso del molinero Arnold se intuye esa tensión entre la voluntad del rey para imponer su poder absoluto y la defensa de sus posiciones y poderes por parte de la nobleza. Particularmente se percibe cuando Federico decide tomar cartas en el asunto poniéndose claramente del lado del molinero. Ante esa presión, la sentencia contraria a sus deseos que adopta por unanimidad —el dato es significativo— el Tribunal de Berlín solo puede interpretarse como una cerrada, hasta cierto punto desafiante, resistencia de los jueces y explicaría la furibunda reacción de Federico al creerse en la necesidad de afirmar su poder ante semejante pulso.

El caso muestra bien a las claras cómo un Estado en proceso de formación necesita afirmar su poder sobre el derecho, no solo monopolizando sus fuentes de producción, sino, sobre todo, sometiendo a los jueces llamados a aplicarlo. No es, por tanto, la de Federico, ni la del propio Estado prusiano que impulsa, una opción personal y singular. El control sobre la justicia es una aspiración primaria de cualquier Estado en su fase primera de formación y de consolidación de su poder. Es muy ilustrativa al respecto la observación del profesor Dawson en *The Oracles of the Law* (una obra notable de historia del Derecho a través de los jueces) analizando el caso del molinero Arnold: «El rey de Prusia, sin duda, no desconocía que estaba siguiendo el ejemplo de los reyes ingleses desde el siglo XIV en adelante» que era la articulación de un Estado en torno a los jueces, primeramente jueces itinerantes que de esa forma unificaban el Derecho del Estado por encima de los particularismos locales.

El monopolio sobre el Derecho y la justicia se presenta así como una de las justificaciones de la formación del Estado en torno al rey en cuyo nombre aquella se administra. Ello requiere un completo dominio del Estado sobre los jueces, pues se pretende hacer de ellos y la organización judicial un instrumento del poder estatal. No hay, por tanto, en esta primera fase del proceso de formación del moderno Estado en torno a las monarquías absolutas atisbo alguno de control judicial del poder. El caso del molinero de Sanssouci, que pudiera haber alimentado esa ilusión, se diluye en los perfiles borrosos de la leyenda y sobre él se impone la fuerza de los hechos, bien acreditados por la historia, del molinero Arnold, que justamente muestra con toda su crudeza la realidad del sometimiento de los jueces al poder.

En muy pocos casos se aventuraban los jueces a controlar la actuación del poder público que en torno a la monarquía se articulaba. Ello solo sucedía cuando los jueces, o los órganos y tribunales en los que se integraban, eran, ellos mismos, encarnación o expresión de un poder diferenciado, capaz de oponerse a la monarquía. Esa oposición a la concentración de poder en el Estado tenía dos posibles procedencias: una se enraizaba en territorios que pretendían preservar sus derechos históricos, sus fueros en el caso de la monarquía hispánica, sus costumbres, *coutumes,* en Francia, su viejo y buen Derecho, *altes und gutes Recht* en la órbita germánica; el otro poder opositor al Estado monárquico, que ciertos jueces y tribunales encarnaban, era el que se sustentaba en un grupo social o un estamento, ordinariamente el estamento nobiliario o un grupo que gozaba de posiciones de poder y privilegios. Estos dos poderes, el territorial y el estamental, tendían a estar íntimamente entrelazados por cuanto, los que se presentaban como derechos y libertades territoriales, no eran sino privilegios señoriales conseguidos durante la Edad Media y que comportaban con frecuencia poderes jurisdiccionales sobre los grupos sociales inferiores, no privilegiados.

Pero cuando creyéndose amparados en esos poderes territoriales y señoriales, algunos jueces y tribunales pretendieron poner límites a la acción del Estado, acabaron doblegados ante su creciente poder. Un caso que bien conocemos es el que se suscitó en torno a la controversia entre el rey Felipe II y el Justicia Mayor de Aragón, Juan de Lanuza. Se trataba en realidad de un conflicto de jurisdicciones. Felipe II invocaba la suya para juzgar por alta traición al que había sido su secretario, Antonio Pérez, huido a Aragón. A ello se oponía el Justicia Mayor de Aragón, cuyo cometido primordial era la defensa de los fueros aragoneses, que impedirían en este caso la entrega de Antonio Pérez a los tribunales de Castilla. Pero, en realidad, ese conflicto entre jurisdicciones no era sino expresión del suscitado entre dos poderes: el del Estado, que se afirmaba en torno a la monarquía, y el poder señorial arraigado en el territorio de Aragón. El desenlace del caso muestra cómo Lanuza, el joven Justicia Mayor, fue manipulado por la nobleza local, gran beneficiaria de un régimen foral que reconocía sus privilegios, para utilizar el caso de Antonio Pérez como una acción de resistencia y oposición al poder creciente de un Estado que se articulaba en torno a Castilla. Muy probablemente Lanuza se creyó protegido por ese poder de la nobleza local del que se hizo abanderado y que, sin duda, sobrevaloró.

El mismo del molinero Arnold, siendo desde luego un caso menor, deja también traslucir esa tensión entre el poder real y el que se concentraba en torno al grupo de los señores locales, los *Junkers*, representados en el caso no solo en los oponentes al molinero en el proceso (el conde von Schmetau y el barón von Gelsdorf), sino también en los jueces que fallaron en su contra. La reacción de Federico II es una afirmación rotunda de su poder y el del Estado absoluto que impulsa y abandera.

2. La cercana experiencia de los Parlamentos Judiciales en Francia

Coincidiendo en el tiempo con Arnold, se libra en Europa una fuerte batalla en el frente judicial que dejará una marcada impronta en los desarrollos futuros, que llegan hasta nuestros días, de la delimitación y correlación de posiciones entre los jueces y el poder estatal, particularmente el poder ejecutivo y el de la moderna Administración. Es el conflicto que se traba en Francia entre las más importantes instituciones judiciales, los Parlamentos (*Parlements Judiciares*) y el poder monárquico, primero, y el poder revolucionario, después. En muy buena medida, el curso que toma la Revolución Francesa en lo relativo a la ordenación judicial y administrativa, así como las trascendentales reformas e instituciones napoleónicas que la siguen, está condicionado por su posición, su reacción en realidad, ante la experiencia de los *Parlements Judiciares*. Al menos la experiencia última, anterior y detonante de la Revolución, en la que vamos a reparar aquí y en la que bien puede diagnosticarse el mismo cuadro clínico de anteriores episodios: una pugna entre el que se erige como poder superior del Estado —monárquico primero, revolucionario y republicano luego— y unos tribunales que se han hecho detentadores de un poder al servicio de sus propios intereses, que no son otros que los del grupo social que representan, en este caso la llamada *noblesse de robe* (nobleza de toga) a la que había que pertenecer para ocupar la posición de oficial o magistrado en cualquiera de los *Parlaments*. Era una nobleza con estudios de Derecho en las Universidades, en las que por entonces se exigía a los estudiantes el uso de la toga, que dio finalmente nombre a este grupo social.

Inicialmente, cuando solo existía el Parlamento de París, los puestos de magistrados y otros oficios relevantes se ocupaban por nombramiento directo del rey, que ordinariamente recaía en juristas profesionales muy preparados. Pero cuando se crean los Parlamentos regionales (el primero, en 1443, el de Toulouse), sus plazas de magistrados serán ocupadas por personas de la nobleza de toga local.

La nobleza de toga (*noblesse de robe*) la había creado y promocionado la propia monarquía con la idea de neutralizar y diluir en lo posible a la llamada nobleza de espada, ganada por méritos militares y que gozaba de un poder y arraigo histórico que por momentos llegaba a inquietar al poder real. La nobleza de toga estará integrada por personas con estudios y actividad profesional en el ámbito jurídico (abogados, jueces, notarios, funcionarios) que ocupará los oficios de relieve en la judicatura, sobre todo en los Parlamentos, la Administración del Estado y también los cargos municipales. Aunque inicialmente se accedía a estos cargos por méritos académicos y profesionales, más tarde —sobre todo cuando las cargas financieras del Estado se hicieron muy gravosas por las campañas militares, sobre todo de Luis XIII y Luis XIV— los oficios se vendían al mejor postor, y cuando se mantenían por tres generaciones en la misma familia se hacían hereditarios. De ese modo, los Parlamentos fueron colonizados por los miembros de esta nobleza de ropa local de nuevo cuño, gente con dinero o de familias bien asentadas, que obtenían los privilegios que de esa posición se derivaban, como era la exención de muchos impuestos.

La tensión entre el poder monárquico y el de la nobleza local que los Parlamentos representaban se hizo particularmente aguda durante el largo reinado de Luis XIV, hasta convertirse en un factor desencadenante de la revuelta nobiliaria en Francia que se conoce como La Fronda. En ese envite se impuso la autoridad de Luis XIV, bien consolidada en un largo y expansivo reinado con importantes victorias militares, y los Parlamentos fueron en buena medida desactivados. Sin embargo, a la muerte de este rey y hasta la mayoría de edad de su hijo (que será el rey Luis XV), ocupó el trono como regente Felipe de Orleans que, siendo de otro linaje y sintiéndose muy débil ante el aparato del poder central que había formado el rey Borbón que le había precedido —particularmente el poder que entonces se concentraba en el Consejo Real—, quiso ganarse para sí el fuerte contrapoder de la nobleza de toga local y restauró a los Parlamentos en sus funciones y facultades tradicionales.

Pero al alcanzar la mayoría de edad y subir al trono Luis XV, volvieron las fricciones con los Parlamentos. Esta vez a cuenta sobre todo de los impuestos, que se habían convertido en el tema central de la política del reino y del debate político. Los gastos militares y los de una Administración Pública ya muy desarrollada habían generado una imponente carga fiscal que no estaba equitativamente distribuida, ni entre territorios, ni en el propio cuerpo social, al estar exenta la nobleza del pago de buena parte de los impuestos. Se trataba ahora de las llamadas «tasas de guerra» que, según Luis XV y Machault, el registrador general que las había establecido, deberían repartirse entre todos por igual. Los *Parlements* se opusieron frontalmente a la generalización del pago de esas tasas con el claro objetivo, que comenzaba a hacerse visible e irritante para la población, de mantenerse sus magistrados, y la nobleza local que representaban, en la exención fiscal que desde final de la Edad Media venían disfrutando.

En este entorno se produjo algún caso muy polémico y significativo, como el de la expulsión de los jesuitas, que encuentra una clave de explicación en esas tensiones entre el poder real y el de los parlamentos, el de París en este caso. El Parlamento de París contaba con una clara mayoría jansenista, una derivación rigorista del catolicismo, abiertamente enfrentada a los jesuitas, que ocupaban posiciones importantes en el sistema de enseñanza. El canciller del gobierno, Choiseul, consiguió el apoyo de Luis XV para promover la expulsión de los jesuitas y congraciarse así con el Parlamento de París, que debería ratificarla, y con el partido de los filósofos y el movimiento ilustrado, contrarios también a los jesuitas sobre todo por su influencia en la enseñanza, pues contaban con importantes centros y un cuerpo de docentes muy bien preparados. El episodio no dice mucho de los filósofos e ilustrados, de quienes sería de esperar el combate en su terreno, el de la razón y el debate sobre las ideas, y no la incitación al ejercicio arbitrario del poder en el sinuoso oscurantismo que rodeó esta acción, sin motivar en momento alguno las razones.

Lo cierto es que el Parlamento de París dicta su sentencia, el 6 de agosto de 1762, por la que *«déclare ledit Institut inadmissible, par sa nature, dans tout État policé»*. No era solo la aversión de los jansenistas, con mucho peso en el Parlamento de París, lo que motivaba en el fondo esta resolución contra los jesuitas, era también, y destacadamente, el rechazo de esta orden por su marcado carácter transnacional, universal, global diríamos hoy, cuando en Francia y en otros Estados europeos se estaba imponiendo una cerrada concepción estatal y nacionalista, con una concepción también nacional de la religión, que en Francia se manifestaba a través del galicanismo.

En cualquier caso, Choiseul consiguió con ello un cierto rédito político, pues el Parlamento de París, satisfecho por la expulsión de los jesuitas, prestó apoyo a sus reformas en el ejército y la marina con las cargas fiscales que comportaban. Pero en estas negociaciones se vio a Choiseul muy próximo a los magistrados más influyentes del Parlamento, por lo que perdió la confianza del rey, que nombró como nuevo canciller a Maupeou, buen conocedor de los interioridades y los modos de proceder de los Parlamentos, pues él mismo había sido magistrado, y luego presidente, del Parlamento de París.

El primer objetivo de su programa de gobierno, fue la desaparición o, cuando menos, el desapoderamiento total de los Parlamentos. De manera tan enérgica como audaz, comenzó su ejecución con el que se conoce como *coup détat* de Maupeou de 1771. La noche del 19 al 20 de enero cada magistrado del Parlamento de París recibió la sorpresiva visita de una pareja de mosqueteros para detenerlos y entregarles la orden de exilio a lugares remotos de la extensa provincia que había estado bajo su antigua jurisdicción, porque el Parlamento de París fue disuelto al mes siguiente y su territorio —con mucho, el de mayor de extensión de los Parlamentos— se dividió en seis distritos asignados a otros tantos Consejos Superiores cuyos miembros eran designados directamente por la Corona. El mismo modelo quiso extenderse a los restantes Parlamentos, pretendiendo, por tanto, su supresión. Pero el rey ya no se atrevió a tanto temiendo una revuelta, aunque Maupeou consiguió destituir a muchos magistrados en esos Parlamentos nombrando entonces para ocupar tales cargos a juristas directamente designados por la Corona. Otros logros importantes de la reforma de Maupeou fueron la supresión de la venta de oficios y la gratuidad de la justicia, con la consiguiente derogación del gravoso régimen de tasas que los *Parlements* habían impuesto para acceder a ella, obteniendo así unos ingresos que en su mayor parte iban a los bolsillos de los magistrados.

Pudieron acometerse así en los años siguientes otras importantes reformas que los parlamentos habían bloqueado. La carga fiscal se distribuyó de manera equitativa, se fijó una contribución especial que había de satisfacer la nobleza, se redujo la presión fiscal en su conjunto, en especial para las clases del tercer estado que mayormente la soportaban. Las reformas de Maupeou y de su ministro Terray, con competencias en materia de finanzas y administración, resultaron muy acertadas, por ser las que el país realmente necesitaba y que los Parlamentos habían impedido hasta entonces. Por ello está muy extendida entre los historiadores la convicción de que, si esta política reformista se hubiera mantenido y continuado, posiblemente no habría explotado con tanta radicalidad la Revolución Francesa que llegó quince años después.

Es seguro que las importantes reformas emprendidas por Maupeou llegaron inmediatamente al conocimiento de Federico II de Prusia que seguía con especial interés los acontecimientos políticos y culturales en Francia. Unas reformas que justamente se acometen cuando se plantea en Prusia el caso del molinero Arnold. Es también del todo cierto que las medidas adoptadas en Francia para desactivar los parlamentos judiciales fueron aplaudidas por Voltaire, que siempre se había mostrado contrario a ellos criticando el poder que acumulaban, un poder al servicio primordial de los propios magistrados y de los intereses de la nobleza de toga que representaban, un poder que se ejercía de manera reiterada para obstaculizar las reformas impulsadas por los gobiernos de la monarquía.

Federico II conocía perfectamente así la experiencia francesa de confrontación entre los Parlamentos judiciales y la monarquía, que muy posiblemente le habría relatado el propio Voltaire, al que había invitado a una larga estancia en Sanssouci. Con toda seguridad, habría sabido de las concesiones que se habían hecho a los Parlamentos en Francia por reyes débiles como el regente Felipe de Orleans, que los restableció cuando, tras las acometidas de Luis XIV, estaban noqueados y prácticamente disueltos; el rey Luis XV que entregó los jesuitas al Parlamento de París y luego no secundó con la debida contundencia las reformas de Maupeau para eliminar los parlamentos regionales; y, por supuesto, Luis XVI, que restauró en su plenitud a los Parlamentos como veremos de inmediato. En 1780 cuando a través de una orden suya, el rey de Prusia Federico el Grande resuelve de manera contundente y hasta brutal el caso del molinero Christian Arnold, parecía tener muy claro que, distanciándose de la debilidad que por entonces mostraba la monarquía francesa, debía imponer su autoridad de manera ejemplarizante sobre el estamento nobiliario que se había encastillado en el aparato judicial y que había fallado en ese caso a favor de los suyos.

Y es que las cosas habían tomado otro curso en Francia. Las reformas de Maupeou, que tenían como unos de sus referentes el despotismo ilustrado que encarnaba el propio Federico II de Prusia, quedaron bloqueadas en 1774 con el fallecimiento del rey Luis XV. Su sucesor, Luis XVI, no era partidario del ejercicio duro del poder y consideraba la supresión de los Parlamentos como un acto de autoridad que no sintonizaba con su línea de gobierno caracterizada en muy buena medida, precisamente, por la falta de sentido de la autoridad. Entendía por lo demás que la independencia de los *Parlements* era un principio básico del régimen político del reino. Así fue como los *Parlements* fueron restablecidos con todas sus facultades tradicionales a pesar de la oposición de los capaces ministros de los que por entonces se había rodeado la monarquía, destacando entre ellos Turgot, que tenía una brillante carrera como intendente, delegado de la monarquía en el territorio, con una base y orientación opuesta del todo a la que era propia de los *Parlements*.

La postura que adoptaron los Parlamentos Judiciales, restaurados de nuevo en sus poderes y atribuciones, fue la que cabía esperar: pertinaz oposición a las reformas en materia tributaria, negándose a registrar los edictos que establecían los tributos y porfiando por mantener la exención de la nobleza. Se negaron también a reconocer nuevos órganos como las asambleas provinciales a través de las cuales el gobierno pretendía canalizar la relación con los territorios, evitando así, precisamente, la intermediación de los *Parlements*. A todo ello se añade que en este momento, el último tercio del siglo XVIII, se ha generalizado ya el carácter hereditario de la mayoría de los cargos en los *Parlements,* al haberse transmitido a través de tres o más generaciones en el seno de una misma familia. Los Parlamentos Judiciales, monopolizados así por una red de clanes de la aristocracia de toga, se negaron entonces en redondo a la creación y venta de nuevos oficios con los que la Corona pretendía obtener ingresos e introducir magistrados afines.

Pero el cierre de filas de los Parlamentos en torno a unos clanes familiares tuvo otro efecto, que inicialmente pasó desapercibido, sobre los jóvenes que por entonces más brillantemente y con mejores méritos se licenciaban en las Facultades de Derecho, pero que encontraban cerrado su acceso a la magistratura y a otros puestos de relieve en su profesión, mientras contemplaban cómo compañeros suyos que podían ser muy mediocres y con una baja calificación en las Facultades accedían a ellos por el mero hecho de heredarlos en el seno de la familia a la que pertenecían. Esos jóvenes abogados, brillantes y con buenos expedientes que topaban con el muro del sistema estamental, serán a los pocos años destacados protagonistas de la Revolución Francesa y de las medidas que se adoptarán en ella, siendo las relativas a la organización de la justicia una clara reacción a la experiencia parlamentaria.

La propia actitud de los Parlamentos resultó ser uno de los factores desencadenantes de la Revolución Francesa. Primero, al impedir las reformas propiciadas por la monarquía, sobre todo al desactivar las impulsadas por el canciller Maupeou, que podían haber corregido los desequilibrios sociales. Pero luego, en la fase final, los Parlamentos se hicieron en parte portavoces de las clases populares, a las que incitaron a la oposición frente al poder real, especialmente los Parlamentos periféricos como el de Grenoble en el Delfinado, el de Pau en Bearn, el de Rennes en Bretaña, o el muy importante de Toulouse en el Languedoc. Se trataba de territorios tardíamente incorporados a la monarquía, con mayor conciencia, por tanto, de su identidad y sus derechos históricos. Para desembarazarse de la fuerte presión que ejercía esa pinza formada por elementos populares y los Parlamentos, el rey se vio prácticamente obligado a convocar los Estados Generales. Y es que el extraordinario poder adquirido por los Parlamentos se debía en buena parte a la virtual desaparición de los Estados Generales como instancia representativa del conjunto del territorio y de todos los estamentos, pues la última vez que se reunieron fue en 1615. Por ello uno de los objetivos de su convocatoria en 1789 era neutralizar a estas instituciones dominadas por los bien cohesionados intereses de clanes aristocráticos. Lo que la historia ha mostrado es que al convocar los Estados Generales se estaba poniendo en marcha el proceso revolucionario.

El poder que los *Parlements Judiciares* ostentaban colisionaba ahora con un nuevo poder. Hasta entonces se habían enfrentado a un poder monárquico muy consciente de su legitimidad histórica y por ello respetuoso con la tradición, en la que, sin duda, los Parlamentos se enraizaban. El de la Revolución era, por el contrario, un poder sin historia ni raíces, concentrado y explosivo. Sin embargo, los Parlamentos mantuvieron frente a él la misma actitud, pretendiendo controlarlo y fijarle límites. Demostraron así que no se habían enterado de la radicalidad de los cambios, desconociendo la entidad del nuevo poder que encaraban, cuando se permitieron requerir, en 1790, a la Asamblea Nacional —que había disuelto los Estados Generales y ocupado la posición del soberano como representante de la nación— que les remitiera sus leyes y disposiciones para registrarlas como condición de su eficacia. A la Asamblea Nacional le faltó tiempo para decidir ese mismo año la supresión, que esta vez será definitiva, de los Parlamentos.

La cosa no quedó ahí. La factura por enfrentarse a un poder que les superaba por completo y no supieron calibrar, la acabaron pagando también los propios magistrados a título personal. Rodaron cabezas. Nada menos que la mitad de los magistrados del Parlamento de Toulouse fueron guillotinados. En el Parlamento de Burdeos, veintiséis magistrados, la quinta parte del total, corrieron la misma suerte. En Bretaña, otra región periférica que se había mostrado levantisca en la alegación de sus derechos históricos, veinte magistrados del Parlamento de Rennes fueron decapitados. También en París veintiocho magistrados de su Parlamento perdieron sus cabezas en la guillotina. No era tanto el enfrentamiento con la Revolución, que abiertamente solo se produjo en ciertos casos;

era, sobre todo, su asociación al viejo régimen, a la aristocracia, a la burguesía enriquecida que se había transformado en una nobleza de toga endogámica cerrando el paso a la magistratura y a posiciones de poder y prestigio a la gran mayoría de jóvenes abogados y licenciados en Derecho, muchos de los cuales acabaron abrazando la causa de la Revolución.

Por lo que hemos visto, la de los *Parlements* del *Ancien Regime* no puede propiamente considerarse un capítulo de la historia del control judicial del poder. No encontramos unos tribunales (los *Parlements Judiciares*) independientes, cuyo cometido era controlar la sujeción a Derecho del poder, en este caso del Estado francés y la monarquía que lo dirigía. Los Parlamentos, allí y entonces, eran los bastiones de otro poder capaz de oponerse al de la monarquía, el poder que detentaba un grupo social muy relevante entonces en Francia, el de la nobleza de toga y de los notables locales. En la historia que tan sucintamente se ha referido nos encontramos en realidad con dos poderes que pugnan abiertamente, el que se encarna en los propios Parlamentos y el que se configura en torno a la monarquía. Cada uno de ellos se acredita con firmeza en una larga trayectoria histórica de siglos, cada uno se apoya en grupos o sectores sociales que estos poderes van reclutando y conformando, y cada uno cuenta también con sus propias bases territoriales: particularistas y locales las de los Parlamentos, mientas que las de la monarquía y, sobre todo, las de la revolución que la sucede, se vinculan a un proyecto centralizador.

No se trata, por tanto, de poderes que resultan de una mera atribución constitucional o legal, sino de acrisolados poderes —y contrapoderes— con profundas raíces históricas, sociológicas y territoriales.

VII. LA ORIENTACIÓN HACIA EL CONTROL LIMITADO

Los revolucionarios franceses no solo procedieron a la disolución definitiva de los Parlamentos Judiciales, acompañada de la eliminación física de muchos de sus magistrados, sino que cerraron cualquier resquicio a un posible control judicial, por muy limitado que fuese, del poder que dominaban, concentrado fundamentalmente en el ejecutivo y la Administración. Así fue como a los tres años del estallido revolucionario, el Código Penal de 1792 tipificó como delito cualquier tipo de intromisión judicial en los asuntos de gobierno y administración. Para muchos gobernantes con escaso talento, antes y ahora, este sería un régimen ideal, pues quedarían al margen de cualquier tipo de control de legalidad ejercido por jueces o tribunales.

Pero al gran heredero de la Revolución Francesa, Napoleón, le sobraba talento para percatarse de que ese régimen resultaba insostenible y no sintonizaba con el signo de los tiempos en la Europa occidental de entonces. La exclusión de todo tipo de control judicial del poder era del todo incompatible con ideas y principios constitucionales que por entonces se afirmaban. Asumiendo el gran poder resultante de la Revolución Francesa, muy superior según Tocqueville al de los reyes absolutistas, Napoleón hizo gala de su genialidad en el diseño institucional del Estado al crear un órgano de control del poder gubernativo, pero un órgano que, a su vez, él mismo controlaba. Ese órgano era el *Conseil d'État,* el Consejo de Estado, que ejercía un control de legalidad sobre la actuación del gobierno y la administración. Pero el Consejo de Estado no se integraba en el orden judicial, ni estaba formado por jueces, sino que sus miembros eran nombrados por el propio gobierno, mayoritariamente entre altos y experimentados funcionarios; juristas con muy cualificada formación que desarrollaron una buena labor, controlando la adecuación a la legalidad de las actuaciones de la Administración y anulando las que suponían un abuso o exceso de poder. Pero ese control tan certero se proyectó sobre los órganos medios e inferiores y sobre los funcionarios. El poder del Estado en sus más altos estratos quedó en la práctica al margen de ese control. Y es que el Consejo de Estado no era un contrapoder, como lo fueron en su momento los Parlamentos Judiciales, sino un órgano plenamente integrado en el poder que se configuraba en torno al estado napoleónico, sin capacidad efectiva alguna de oponerse a él.

La institución del Consejo de Estado marcó en buena medida la tónica de los sistemas de control de legalidad de la Administración que se instauraron en Europa occidental, entre ellos la introducción de una jurisdicción contencioso-administrativa, como se hizo en España. No podemos desde luego detenernos en ellos, alejándonos de nuestro caso. Pero ya se vislumbra un control limitado que, tal como muestra el caso del molinero Arnold con toda su crudeza, no alcanza al poder en su más alta instancia, al verdadero poder.

NOTA BIBLIOGRÁFICA

Sobre el caso de Felipe II y Antonio Pérez, el relato más completo es, sin duda, el que se contiene en la muy extensa y detallada biografía de este último escrita por Gregorio MARAÑÓN: *Antonio Pérez*, 2 vols., Madrid, Espasa Calpe, 1947. Con anterioridad, el caso había sido objeto de amplios y documentados estudios que pudo utilizar Marañón. Así los de MIGNET, R.: *Antoine Pérez et Philipe II*, Paris, 1845; BERMÚDEZ DE CASTRO, S.: *Antonio Pérez secretario de Estado de Felipe II*, Madrid, 1841, y ZARCO CUEVAS, J.: *Antonio Pérez*, 1922. Más recientemente, UNGERER, C.: *La defensa de Antonio Pérez contra los cargos que se le imputaron*, Zaragoza, 1980, y, sobre todo, el estudio de José Ignacio FORTEA PÉREZ, «El proceso de Antonio Pérez», en Santiago MUÑOZ MACHADO (ed.), *Los grandes procesos en la historia de España*, Madrid, Crítica, 2002, con especial y documentada atención a los antecedentes. El caso también puede contemplarse desde las biografías de Felipe II, que invariablemente le dedican una atención destacada así, entre otras, la de FERNÁNDEZ ÁLVAREZ, M.: *Felipe II y su tiempo*, 2.ª ed., Madrid, Espasa Calpe, 1998; PÉREZ, J.:

L'Espagne de Philippe II, Paris, Fayard, 2013, y Parker, G.: *Felipe II*, Madrid, Alianza, 1997. Sobre los Fueros de Aragón y la situación social allí en la época de los hechos que aquí se estudian, puede utilizarse con provecho el completo trabajo de un destacado historiador del Derecho, Lalinde Abadía, J.: *Los Fueros de Aragón*, Zaragoza, Librería General; Jarque Martínez, E.: *Juan de Lanuza. Justicia de Aragón*, Zaragoza, Gobierno de Aragón, 1991; Sarasa Sánchez, E.: «La sociedad aragonesa en la baja Edad Media», *Historia de Aragón,* vol. 2, Institución Fernando el Católico, 1989; Canellas López, A.: «El reino de Aragón en el siglo xiv», *Anuario de Estudios Medievales*, Barcelona, 1971; Carabias Orgaz, M.: «Los Fueros de Aragón. Una versión romance de mediados del siglo xiii», *Revista de Filología Española*, vol. 93, núm. 2 (2013), y Morales Arrizabalaga, J.: *Fueros y libertades del reino de Aragón, de su formación medieval a su crisis preconstitucional (1076-1800*), Zaragoza, Rolde de Estudios Aragoneses, 2007. La intervención de la Inquisición y las referencias a la tortura en procesos judiciales pueden completarse con los estudios de dos historiadores del Derecho, Escudero, J. A.: *Estudios sobre la Inquisición*, Madrid-Barcelona, Marcial Pons, 2005, y Tomás y Valiente, F.: *La tortura judicial en España*, Barcelona, Crítica, 2000.

Estudios específicos de interés sobre los aspectos procesales e institucionales del juicio a Carlos I de Inglaterra: Wedgwood, C. W.: *The Trial of Charles I*, Penguin Books, 1983; Iagomarsino, D., y Wood, Ch. J.: *The Trial of Charles I: A Docu-*

mentary History, University Press of New England, 1989; SIRICO, L. J.: «The Trial of Charles I: A Sesquitricentennial Reflection», y SACHSE, W. L.: «An analysis of the Regicide Court», *Journal of British Studies*, XIII, 1973.

Las circunstancias históricas y personales pueden conocerse bien a través de los estudios biográficos sobre Carlos I: CARLTON, Ch.: *Charles I. The Personal Monarch*, London-Boston, Routledge & Kegan Paul, 1983; SHARPE, K.: *The personal Rule of Charles I*, Yale, Yale University Press, 1992, y YOUNG, B.: *Charles I*, St. Martin's Press, 1997. Sobre aspectos políticos y constitucionales de aquel periodo histórico: MAITLAND, F. W.: *The Constitutional History of England*, Cambridge, Cambridge University Press, 1908; HAST, A.: «State treason trials during the Puritan revolution», *Historical Journal*, XV, 1972; RUSSELL, C.: *Parliaments and English Politics: 1621-1629*, London, Clarendon Press, 1979, y ROWELL G.: *The Vision Glorius: Themes and Personalities of the Catholic Revival in Anglicanism*, Oxford, Oxford University Press, 1983.

El juicio del rey de Francia Luis XVI es analizado en todas sus perspectivas en obras generales sobre historia de la justicia: ROYER, J. P.: *Histoire de la justice en France*, Paris, Presses Universitaires de France, 4.ª ed., 2010; más breve y sintética, la de FARCY, J.-C.: *Histoire de la justice en France. De 1789 à nos jours*, Paris, Editions la Découverte, 2015, y ROUSSELET, M.: *Histoire de la magistrature francaise*, Paris, Plon, 1957. Sobre los antecedentes inmediatos y desencadenantes del proceso, BLUCHE, F.: *Septembre 1792. Logiques d'un mas-*

sacre, Paris, Robert Laffont, 1986. La bibliografía específica en torno al proceso es abundante, por citar algunos títulos: SOBOUL, A.: *Le procès de Louis XVI*, Paris, 1966; CONTE, A.: *Sire, ils ont voté la mort. La condamnation de Louis XVI*, Paris, 1966; ISORNI, J.: *Le vrai procès de Louis XVI*, Paris, 1980, y LOMBARDI, P.: *Le procès du roi,* Paris, 1993. Las observaciones críticas del escritor Albert CAMUS se contienen en su ensayo *El hombre rebelde*, Alianza Editorial, 11.ª ed., 2011.

Además de las expresiones literarias que se mencionan en el texto, el relato fabulado sobre el molinero de Sanssouci y su entorno puede encontrarse en KARL-HEINZ, O.: *Die Muhle von Sanssouci*, Potsdam, 2003. Las alusiones a destacados pensadores y juristas que se refieren a esa leyenda y no al caso real en HAYEK, F. A.: «Los fundamentos de la libertad», *Obras completas*, vol. 3, Madrid, Unión Editorial, 1991, y MAYER, O.: *Deutsches Verwaltungsrecht*, vol. 1, Berlin, Duncker & Humblodt, 1924, pp. 39 y 40; hay traducción española, *Derecho Administrativo Alemán,* Buenos Aires, Ediciones Depalma, 1982. Tal como se apuntó, el caso del molinero de Sanssouci, tan difundido, no aparece en la recopilación de grandes casos que ordena el profesor Alexander DEMANDT: *Macht und Recht. Grosse Prozesse in der Geschichte (Poder y Derecho. Grandes procesos en la historia),* München, Beck Verlag, 1989. La ausencia, más clamorosa en un libro alemán, solo se explica por el carácter fabulado del caso, sin constancia y documentación histórica.

El caso verídico del molinero Arnold y Federico II de Prusia suscitó interés ya en el siglo XIX entre iuspublicistas y procesalistas, que no prestaban atención alguna al cuento de Sanssouci. Así, SIETZE, K. F.: *Ausübung oberstirchlicher Gewalt der Staats- und Cabinetsjustiz in wessentlicher Diferenz dargestelt. Beilage zur des Geschichte des Arnoldeschen Prozesses*, Potsdam, 1835, y DICKEL, K.: *Friedrich der Grosse und die Prozesse des Müllers Arnold*, Marburg, 1891.

Igualmente las biografías de Federico II de Prusia, Federico el Grande, dan cumplida y detallada cuenta solo del caso bien documentado del molinero Arnold, sin mención alguna, o muy indirecta, al caso del molinero de Sanssouci, que se sitúa de ese modo fuera de la historia, en el terreno de la leyenda y la fabulación literaria. Esto se constata tanto en las biografías escritas en el siglo XIX como en las más recientes del actual siglo XXI, entre las primeras puede citarse la monumental obra de CARLYLE, Th.: *History of Friedrich II of Prussia. Called Friedrick the Great*, 6 vols., London, 1858-1865; entre las segundas, la más polémica de BLANNING, T.: *Frederick the Great King of Prussia*, London, Penguin Random House UK, 2015. Editada en el siglo XX y con el mismo planteamiento, atendiendo solo al caso histórico de Arnold, destaca en lengua española el libro del profesor VOLTES BOU, P.: *Federico «El Grande» de Prusia*, Madrid, Ediciones Palabra, 2006.

Estudios históricos y jurídicos ya más recientes sobre el caso del molinero Arnold pueden encontrarse en DIESSELHORST, M.: *Die Prozesse des Müllers Arnold und das Eingreifen Friedrichs des Grossen*, Göttingen, 1984; PRÜMM, H. P.: «Friedrich II von Preussen und das Recht. Der Prozess des Müllers Arnold», *Zeitschrift für das Juristiche Studium*, 1/2012 (que contiene el texto de la declaración, aquí reproducida, de Federico II tras adoptar las drásticas medidas sobre los magistrados que fallaron contra Arnold), o en LUEBKE, D. M.: «Friedrick the Great and the Celebrated Case of the Millers Arnold (1770-1779). A Reappraisal», *Central European History*, vol. 32, 2007. Sobre el testamento político de Federico II (publicado, conviene recordar, con mucha anterioridad al caso Arnold) el estudio del gran historiador HINTZE, O.: «Das Politische Testament Friedrichs des Grossen von 1752», *Regierung und Verwaltung. Gesammelte Abhandlungen zur Staats-, Rechts- und Sozialgeschichte Preussens*, Göttingen, Vandenhoeck & Ruprecht, 1967, pp. 313 y ss. La valoración del caso Arnold por el profesor Bernhard SCHLINK en su novela *Die Heimkehr*, Zürich, Diogenes, 2006, traducción española, *El regreso,* Barcelona, Anagrama.

También sobre ese texto, el caso Arnold, y consideraciones sobre el poder judicial y los jueces en Europa durante el siglo XVIII en DAWSON, J. P.: *Oracles of the Law*, Ann Arbor, Michigan University Press, 1968, en especial pp. 255 y ss. En esa misma línea, destacando la relevancia del control de la justicia por los poderes estatales entonces emergentes, REINHARD, W.: *Geschichte der Staatsgewalt*, München, C. H. Beck, 1999. Sobre las élites que dominaban en Europa la aplicación del Derecho, VAN CAENEGEM, R. C.: *I signori del diritto. Giudici, legislatori e professori nella storia europea*, Milano, Giuffrè Editore, 1991. La transición de una justicia administrada por el estamento aristocrático a otra ejercida ya por jueces profesionales con formación universitaria en RANIERI, F.: «Vom Stand zum Beruf. Die Professionalisierung des Juristenstandes als Forschungsaufgabe der europäischen Rechtsgeschichte der Neuzeit», *Ius Comune. Veröffentlichungen des Max-Plank-Instituts für Europäische Rechtsgeschichte,* núm. 13, Frankfurt am Main, 1985. Sobre diversos aspectos de los Parlamentos Judiciales en Francia, SAINT-BONNET, F.: «Le contrôle a posteriori: les Parlements de l'Ancien Régime et la neutralisation de la loi», *Les Cahiers du Conseil constitutionnel,* núm. 28, 2010; BAKER, K. M.: *The Political Culture of the Old Regime*, Oxford-New York, Oxford University Press, 1987, y FUMAROLI, M.: *L'âge de l'éloquence,* Paris, Droz, 1980. Para el significado y semántica del término *noblesse de robe* y su traducción por nobleza de toga puede consultarse con provecho el *Dictionnaire de l'Ancien Régime* (dir. L. BÉLY), Paris, Quadrige-PUF, 2.ª ed., 2003, *vid.* voz: *noblesse, noblesses.*